5つのスパイスだけで作れる！

はじめての
インド家庭料理

キッチンスタジオ ペイズリー　香取 薫

講談社

contents

- 4 はじめに
- 4 この本で使う5つのスパイス
- 6 スパイス使いの基本
- 6 スパイス1　クミン
- 8 スパイス2　コリアンダー
- 9 スパイス3　ターメリック
- 10 スパイス4　レッドペッパー
- 11 スパイス5　ガラムマサラ
- 12 知っておきたい 油使いとギー
- 13 知っておきたい インド式ワンプレート

14 サブジ

- 15 じゃが芋のクミン炒め
- 16 じゃが芋とグリンピースのサブジ
- 18 なすのマスタードオイル焼き
- 19 にんじんのサブジ
- 20 カリフラワーのサブジ
- 21 じゃが芋とカリフラワーのサブジ
- 22 キャベツとじゃが芋のサブジ
- 24 キャベツのバージ
- 26 オクラとトマトのサブジ
- 28 なすとトマトのバラタ

30 カレー

- 31 基本のチキンカレー
- 34 基本のキーマカレー
- 36 なすとチキンのキーマカレー
- 38 ほうれんそうとチキンのカレー
- 40 バターチキン
- 42 豆入り肉団子カレー
- 44 えびカレー
- 46 白身魚とカリフラワーのカレー
- 48 ミックス野菜のココナッツシチューカレー
- 50 ゴーヤのトマトクリームカレー
- 52 かぶのカレー
- 54 ひよこ豆のカレー

この本の使い方

- 計量単位は、カップ1=200㎖、大さじ1=15㎖、小さじ1=5㎖、1合=180㎖です。
- オーブンの温度、焼き時間は目安です。機種によって違いがあるので加減してください。
- ガスコンロの火加減は、特にことわりのない場合は中火です。
- 電子レンジの加熱時間は出力600Wの場合の目安です。500Wの場合は1.2倍で加減してください。機種によって多少異なる場合があります。
- 材料表のベイリーフは、ローリエとも呼ばれますが、本書では、インドでの表記にならい、先にベイリーフと表記しています。なお、ベイリーフは調理後、長時間置いておくと毒素が出てきますので、料理が終わったら入れたままにせず、取り出してください。

56 ダール
- 57 シンプルダール
- 58 ミックスダール
- 60 ほうれんそう入りダール
- 62 大根入りダール

64 ご飯＆チャパーティー
- 65 クミンライス
- 65 ターメリックライス
- 67 緑豆の炊き込みご飯
- 68 インド式おかゆ
- 69 インド料理のベーシック　湯とり法で炊くバスマティーライス
- 70 インド料理のベーシック　チャパーティー

72 スナック＆スパイシーグリル
- 73 サモーサー
- 76 ゆで卵のスパイス焼き
- 77 オニオンリングのパコーラー
- 78 フィッシュボール＆ハリーチャトニー
- 80 ベジカバーブ＆トマトチャトニー
- 82 チキンのスパイシーグリル
- 84 シーフードスパイシーグリル

86 サラダ、スープ＆ドリンク
- 87 きゅうりのカチュンバル
- 87 大根のカチュンバル
- 89 ひよこ豆のサラダ
- 90 きゅうりのラーエター
- 90 コーンのラーエター
- 90 インド料理のベーシック　ラッシー
- 91 トマトと紫玉ねぎのラーエター
- 92 スパイシーアップルスープ
- 94 インド式ミルクティー
- 94 クミンティー
- 95 バターミルク
- 95 ターメリックミルク

はじめに

　私がインド家庭料理のポリシーにしていることは3つあります。「スパイスの数が多いほど本格的ということではない」「辛いほど本格的ということではない」「食べたあと、体の調子がよくなるのが本当のインド家庭料理である」です。

　23歳のときにボランティアキャンプで訪れたインドの田舎町。そこで出会ったやさしい味のサブジ（スパイス味の野菜のおかず）が私を魅了しました。そこにあったのは私が知っていた「カレー」ではなく、もっと愛情や叡知にあふれた料理だったのです。まさにそれはアーユルヴェーダ（インドの伝統的医学・健康法）という知恵に裏づけされた、健康的でそして未知のおいしさにあふれた食の世界でした。

　にんじんの味を引き出すスパイスと豆の味を引き出すスパイスがどう違うのかなどを、私は毎日興味津々で味わい、スパイスの心地よい刺激を麦の香るパンにからませて頬張る楽しみを堪能し、ご飯にしみ込むことでジューシーに口の中に広がるスパイシーな素材の味に魅せられました。

　あとを引くちょうどよい辛み、あとに残って反芻する心地よい香り……。そんな料理とスパイスをインドのお母さんたちのように自在に操れるようになりたいと、インドの家庭を50軒以上訪ね、ホームステイを繰り返してきました。

　そして気づきました。たくさんのスパイスは必要ないのだと。どの家庭でもメインに使っているのは5〜6種類でした。日本の主婦たちがしょうゆ、酒、みりん、砂糖などを自在に調合して違う味の煮物を作っていくように、とてもシンプルだったのです。

　この本では、日本の気候に一番よく似ている北インドの家庭料理を主に、5つのスパイスを使ったバリエーションでまとめました。インド料理教室をはじめてちょうど20年、その間に培ってきたコツやポイント、よくある質問もすべてカバーしました。たくさんの家庭のレシピからよいところを抜粋して組み立てた決定版ばかりです。

　本当のインド料理は、家庭にあります。それはインドのお母さんたちがスパイスを調合して作るおいしい薬膳だといえるでしょう。お母さんの愛情でさじ加減をして、ちょっとした体の変調などを快方に導くのが、インド家庭料理の素晴らしさ。これからの時代は医食同源の国の料理を上手にとり入れていくことが、新しい食のひとつの方向であると信じます。

　この本がこの先に広がる奥深いスパイスの世界の入り口になることができれば、たいへん光栄です。

インド・スパイス料理研究家　香取　薫

この本で使う5つのスパイス

1 クミン

料理の香りの要ともいえるスタータースパイスに最もよく使われます。消化吸収を促進し、胃の働きを助け、解毒作用や駆風作用（腸内に溜まったガスを排出させる作用）があります。少量でもすぐにクミンだとわかる際立つ香りが特徴で、そのまま油に入れて抽出するほか、炒ってから粉にすると、生のまま食べるサラダやドリンクなどに向く香りになります。アーユルヴェーダ（インドの伝統的医学・健康法）では、どんな体質の人にもよいとされています。セリ科、和名は馬芹。

2 コリアンダー

クミンと同じく消化を促進し、駆風作用をもつスパイス。消化器や泌尿器系にも効果大。トマトや唐辛子と一緒に使えば、体が熱をもちすぎるのを抑えます。薬味として使われることが多い香菜はコリアンダーの葉で、肉系の食中毒を防ぐといわれます。煮込むことでとろみを出したり深い味わいを作ることができるため、長く煮込む肉のカレーにはたっぷり使います。セリ科、和名はコエンドロ。

3 ターメリック

カレーの黄色い色の元となるスパイス。殺菌作用が強く、血を浄化したり止血効果のほか、肝機能を高め、強壮作用があります。その効能の多さからアーユルヴェーダでは最も有用なスパイスとされるほどですが、極端な大量摂取は厳禁とされています。腸内細菌の働きを整えてガスを抑えるので、肉や豆料理には不可欠。生のままでは強い苦みがあるのが特徴。複数のスパイスを調合するときは、全体を調和させてまとめてくれる役割も担っています。ショウガ科、和名はウコン。

4 レッドペッパー

赤唐辛子の粉のことで、料理に辛さを出すときのスパイスです。市販のものはチリペッパー、カイエンペッパー、一味唐辛子などが同様に使えますが、チリパウダーと書いてあるものはメキシコ料理用のブレンドスパイスなので避けます。メーカーによって辛みの度合いがさまざまなので、様子をみながら使うのが賢明。適切な量の使用で体を温めますが、一定量以上を摂取すると気化熱で体温を奪い、かえって体を冷やします。ナス科、和名は赤唐辛子。

5 ガラムマサラ

複数のスパイスを混ぜ合わせた調合スパイスで、本来は料理によって最も適したブレンドでそのつど作ることが理想です。ガラムは熱い、マサラはブレンドスパイスの意で、体を温める作用と、適度な辛みをもつのが特徴。料理の仕上げにふりかけることによって、調理中に失われた香りをよみがえらせます。調合は地方や家庭によって異なり、カレー粉のようにその家庭の基本の味として使われることもあります。母から娘に調合の割合が伝えられていく"お母さんの味と香り"です。できれば、ターメリックや唐辛子の入っていないものを選んでください。

スパイス使いの基本

おいしさの基本は、スパイスの多さではなく、スパイスの使い方にあります。適正なスパイス使いができれば、たった5つのスパイスでも極上のおいしさが作れます。この本で使うスパイスは、クミン、コリアンダー、ターメリック、レッドペッパー、ガラムマサラ。それぞれのスパイスの特性や使い方を知ることからはじめましょう。

スパイス 1 スタータースパイスの代表格
クミン

シードはスタータースパイスとして、パウダーは調合スパイスにして味つけに

クミンはインド料理の香りの基本となるスパイスで、独特の強い香りと甘い風味が特徴です。また、最も代表的なスタータースパイスです。スタータースパイスとは料理のはじめに油に入れるスパイスのことで、油に香りや薬効を移すことが目的です。

クミンにはシードとパウダーがあり、シードは上記のスタータースパイスに用います。スパイスの成分は精油の形で入っているので、油に入れて抽出するのが基本。油に入れるときはタイミングが大事で（右ページ参照）、油の温度が低いうちに入れると香りが出る前に湿気た感じになってしまい、逆に、油の温度が高すぎると焦げたにおいしか残りません。料理に入っているクミンシードをかんだとき、ふっと一瞬香りを感じるのもおいしさの一つなので、湿気たり焦げたりしないよう上手に火入れをすることが、クミン使いのポイントです。

パウダーは、生のものは炒め物や煮込み料理に使います。シードを炒ってからひいたパウダーは、サラダやドリンクなどに向く香りになります。

スパイスにはシードとパウダーがあります

スパイスを料理に使う場合、「シード」と「パウダー」があります。シードはホールとも呼ばれ、種子丸ごとのもの、パウダーはシードをひいた粉末状のもののこと。基本的に、シードは、スタータースパイスとして調理の第1段階で油に香りや辛みを移すために使われることが多く、パウダーは材料に下味をつけたり、調理の途中に加えて煮込むなどして、料理の味を作り上げるという役割を担っています。この本で使う5つのスパイスのうち、シードとパウダーの両方を使うのは、クミンとコリアンダーです。

まずは1つのスパイスで作ってみて、次に足していく

私の経験上、スパイスに慣れてくれば、いろいろな足し算に楽しく挑戦することができます。難しいのは引き算。ですから、まずは1つのスパイスでおいしく作るコツを身につけて、徐々に使うスパイスを増やしていくのが、スパイス使いの達人になるまっとうな方法です。

まず、作ってみていただきたいのが、p.15の「じゃが芋のクミン炒め」。上手に作れたら、次はここにターメリック少々を足してみます。仕上がりの色や味が違うのが実感できます。

また、トマトなど水分のある野菜を加えて試してみるのもおすすめ。p.16の「じゃが芋とグリンピースのサブジ」を作ってみて、次にここにトマトの小角切りを足してみます。野菜の水分によって焦げにくくなり、均一に味がつき、スパイスの特性を知ることができます。

p.16「じゃが芋のクミン炒め」にターメリックを足してみる。

p.16「じゃが芋とグリンピースのサブジ」にトマトを足してみる。

シードの場合 ● スタータースパイスとして使う

鍋やフライパンに油を入れて火にかけ、温まってきたらクミンシードを数粒落としてみて、シューッと泡が出てくるのを確認。温度が高すぎるときは火からはずして調整。

残りのクミンシードを入れてさっと混ぜ、パチパチとはじけて色が濃くなり香りが出るまで炒める。このあとに玉ねぎなどの材料を入れて調理をスタートさせる。

p.15「じゃが芋のクミン炒め」など

シードを炒ってパウダーに

この本では材料表に「ひきたてクミンパウダー」として表記。まずはフライパンにクミンシードを入れて火にかけ、香りが十分に出るまでから炒りする。ローストされた色になり、食べてみてカリッとしていれば炒り上がり。

から炒りしたシードをすり鉢などに入れてひき、パウダー状にする。香りがよく、加熱しない料理（サラダ、ラーエターなど）に入れるとおいしさがグンとアップする。粗びきでも可。

p.90「きゅうりのラーエター」など

パウダーの場合 ● 調合しておくのが基本

生のパウダースパイスはあらかじめ平らな皿などに用意。ここでは例として、クミンパウダー、コリアンダーパウダー、ターメリック、レッドペッパー、そして塩。

手でよく混ぜておき、炒め物などに加える。こうすると材料にムラなく混ざり、仕上がりの味にもムラができない。この本では材料表に「調合スパイス」として表記。

p.19「にんじんのサブジ」など

スパイス **2** インド料理らしい香りと味のベース
コリアンダー

シードは粗くひいて香りを楽しみ、パウダーは調合スパイスにして味のベースに

　オレンジのような柑橘系のさわやかで甘い香りが特徴で、カレー作りには欠かせないスパイスです。料理に深みを与え、素材の味を引き出してくれます。煮込み時間が長いととろみが出るのもコリアンダーの特性です。通常、肉のカレーには多く入れ、野菜には少なめに使います。また、クミンとの相性がよいので、一緒に使うことが多々あります。

　コリアンダーはクミンと同様、シードとパウダーがあり、シードは簡単にかみつぶせるので、食感とともにダイレクトに香りを味わいたいときにそのまま使います。また、野菜のサブジなど短時間の加熱でできるものの場合は、粗びきにして使うと香ばしさが加わり、グンとおいしさが増します。パウダーはインド料理らしい香りとしっとりとしたなめらかさを出すために使ったり、煮込んで上品なとろみをつけたりします。

　生の葉は香菜（シャンツァイ）としてアジア料理に広く使われますが、香りづけとしてカレーなどの仕上げに刻んで加えることもあります。

シードの場合 ● 粗くつぶして使う

シードはその食感を楽しむためにそのまま料理に加えることもあるが、通常はすり鉢に入れて粗くつぶして、香ばしさとざらりとした食感を楽しむ。

p.76「ゆで卵のスパイス焼き」など

パウダーの場合 ● 調合スパイスとして使う

ほかのスパイスと調合し、調理の途中に加えて料理の味を作り上げる。ここでは、コリアンダーパウダー、ターメリック、レッドペッパー、そして塩。

p.16「じゃが芋とグリンピースのサブジ」など

ふたをしてしっとりと仕上げる

ドライなサブジを作るとき、コリアンダーパウダーの入った調合スパイスを混ぜてふたをして火を通し、しっとりとなめらかに仕上げる。

p.22「キャベツとじゃが芋のサブジ」など

スパイス **3** スパイス全体をまとめる役割
ターメリック

油との相性が二重丸。料理の色づけや香りづけ、料理全体の味のまとめ役に

　鮮やかな黄色で、香りづけというよりは料理の色づけや味のまとめ役に使うスパイス。ターメリックは油溶性なので、油に溶かし込む必要があります。ですから、料理にはかたまりのものは使わず、パウダーになったものを使います。そして、しっかりと火を通して使うのがルール。あとから足すのもタブーで、生だと苦みが残ってしまいます。

　また、スパイス同士をつなげる役割を担っているので、ほかのスパイスと一緒にターメリックを使うと味がまとまります。そんな理由から調合スパイスに入っていることが多く、インド料理は黄色い料理が多いともいえるのです。

　ターメリックの最も簡単な使い方は、混ぜて（または塗って）焼くこと。たとえば、「なすのマスタードオイル焼き」。油を多く吸い込む野菜と組み合わせることでターメリックがなすの味を引き出すことができます。これだけで十分おいしいのも、ターメリックの力です。

油に溶かして使う

ターメリックの色素は油溶性。油と混ぜるときれいに溶ける。ここでは、ギー（p.12参照）と混ぜてムラなくきれいに溶かし、そのあと牛乳に入れてターメリックミルクを作る。

p.95「ターメリックミルク」など

塗って焼く

ターメリックを入れた調合スパイスを野菜に塗って焼くだけで、おいしい野菜料理になる。炒め物、揚げ物など、油を使った料理に最適。

p.18「なすのマスタードオイル焼き」など

ご飯に炊き込む

ターメリックを入れてご飯を炊くと、きれいな色や香りがつくのはもちろん、カレーやサブジを混ぜたとき、風味がまとまって味が調う。

p.65「ターメリックライス」など

スパイス **4** 辛さをさまざまに演出
レッドペッパー

**赤唐辛子は油で炒めて辛みと香りを出し、
レッドペッパーは好みの辛さに調整**

料理に辛みをつけるときのスパイスで、油で炒めると刺激的な辛みと香り、うまみが出るのが特徴です。この本では、パウダー状にする前のものは赤唐辛子、パウダーにしたものはレッドペッパーと表記しています。

赤唐辛子は種をとらずに丸ごと使うほか、ちぎったり小口切りにして使います。丸ごと使って途中で引き上げたり、辛みの強い種とわたを除いて使ったり……と、辛さを調節することもできます。パウダーは、使う量を加減するだけで辛さを調節できるので、赤唐辛子より使い勝手がよいといえるでしょう。いずれの場合も一度に入れすぎず、辛さをみながら足していくのが賢明。辛すぎは厳禁なので、あとを引くギリギリの辛さに仕上げるのがレッドペッパー使いの極意です。

すっとした青い香りやストレートで爽快な辛みが欲しいときは、熟す前の青唐辛子を使います（p.78「フィッシュボール＆ハリーチャトニー」など）。

こしょうもインド料理に欠かせないスパイス

黒こしょうはブラックペッパーともいい、未熟な実（グリーンペッパー）を丸ごと乾燥させたもの。さわやかでウッディな香り、レッドペッパーとはまた違うピリッとした辛さが特徴です。白こしょうより黒こしょうのほうが香りが強く、インド料理では黒こしょうをよく使います。ホールのまま使うとき、粗びきにして使うときなど、料理によってさまざま。

"辛さ"は、合わせ使いをすると味が複雑になっておいしいもの。レッドペッパーに黒こしょうの辛みをプラスするのもおすすめです。

赤唐辛子の場合 ● **丸ごと炒めて香りを移す**

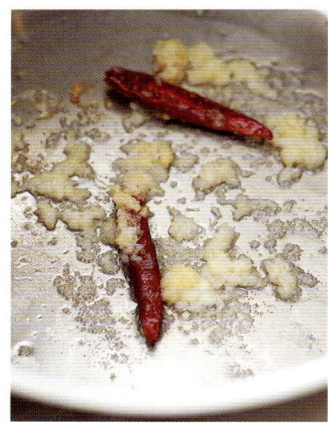

サラダ油を熱した鍋ににんにく、しょうがとともに赤唐辛子を入れて炒め、辛みと香りとうまみを出す。このあと肉を入れて炒め合わせ、肉にも香りを移す。

p.34「基本のキーマカレー」など

小口切りにしてタルカをして使う

タルカとは、スパイスの香りが移った油をアツアツのうちに料理に加えること。クミンシードと赤唐辛子の小口切りを油で熱し、香りが移ったところでカレーに加える。

p.50「ゴーヤのトマトクリームカレー」など

パウダーの場合 ● **完成した料理にふりかける**

レッドペッパーはいつ加えてもよいスパイスなので、調合スパイスとして使うほか、器に盛りつけてから各人がふりかけて、好みの辛さに仕上げてもよい。

p.32「基本のチキンカレー」など

スパイス **5** 味と香りを補うミックススパイス

ガラムマサラ

**いくつかのスパイスをブレンドして作る
スパイス。仕上げに加えて香りをプラス。**

　豊かな芳香が特徴のミックススパイスです。主となる使い方は、完成した料理にふりかけて味と香りを補うこと。十分に香りが出ているときは必要があまりなく、入れる量もそのときどきで加減します。入れすぎるとくどい仕上がりになったり、本来の香りではなくガラムマサラ料理になってしまうので注意します。また、長く煮込んで香りがとんでしまった場合にも、最後にふり入れて香りをよみがえらせます。

　また、カレー粉のように使うこともあります。この場合はターメリックを加えます。カレー粉とガラムマサラの違いは、ターメリックが入っているかどうか、仕上げに入れることを意識してブレンドしてあるかどうかです。ガラムマサラにはターメリックは入っていません。それは、ターメリックは加熱しないと苦みが残るスパイスのため、料理のフィニッシュに向いていないからです。

ガラムマサラは、こんなスパイスでできています

　「ガラム」は熱い、「マサラ」はブレンドスパイスの意味。体を温め、香りを立たせるようなスパイスを主に選んでブレンドされます。香りのハーモニーに重点をおき、本来はその料理に合わせてそのつど調合するのが最上ですが、今はインドでもどのような料理にも合うオールマイティーな調合のものを購入することが増えました。

　写真は、よくブレンドされているものを割合に関係なく並べたもの。クミン、カルダモン、シナモン、クローブ、フェンネル、ナツメグ、こしょう、ベイリーフなど。ここから3〜8種類程度を選びます。家庭で手作りする場合は、そのつどブレンドして軽く炒って香りを出してからすり鉢などでひいてパウダー状にし、すぐに使い切ります。

完成した料理に入れる

カレーなどを器に盛ったあと、味と香りを補うために入れる。入れる量は、よく香りをかいで、自分の感覚で決める。

p.50「ゴーヤのトマトクリームカレー」など

長く煮た料理の最後に入れる

煮込むタイプのカレーなど、調理時間の長い料理には必須。仕上げに入れると、食欲の湧く香りがぐっと出てくる。

p.52「かぶのカレー」など

カレー粉のように使う

ターメリックを足して調合スパイスにし、カレー粉と同様に鍋に加えてカレーやサブジを完成させる。調合のバランスは、使う素材や家庭によってさまざま。

p.28「なすとトマトのバラタ」など

知っておきたい
油使いとギー

ひまわりの種子から作られる、ひまわり油。

マスタード（からし）の種子から作られる、マスタードオイル。

牛乳から作られるギー。日本では無塩バターを使って手作りできる。

　インド料理では「油」もおいしさを左右する大切な要素です。油が複数のスパイスの香りをとりもつからです。どんな料理にも合うのはサラダ油ですが、私の教室では、植物油の中では味も性質もスパイス料理には一番よいとされているひまわり油を使っています。さらりとしていながらも、ひまわり本来のもつ風味とコクがあります。

　また、料理によってはマスタードオイルやギーを使うことにより、現地の味に近くなったり最高のフレーバーとなるものもあります。

　マスタードオイルはインドの中でも東海岸沿いのベンガル地方で最も好まれる油で、殺菌効果が高く、風味のある個性的な油。搾油したままなので通常は加熱して使います。シーフードによく合い、アチャールという漬物にもよく使われます。

　ギーは古来使われてきた動物性の純粋な油で、バターから水分とたんぱく質を除去したもの。バターで代用することもできますが、無塩バターで手作りするのがおすすめです。市販のものを購入するときは、植物性のものではない、良質のものを選びます。

ギーの作り方

用意するもの（作りやすい分量）
無塩バター　450g（約1ポンド）
耐熱性の保存容器
保存容器の口に合ったサイズのざる
不織布のペーパータオル

1 バターを適当な大きさに切り分け、鍋に入れて火にかける。

2 完全に溶けたらごく弱火にして煮る。白い泡が浮いてくるが、混ぜない。

3 へらで泡をよけるとまだ中は濁っていて、水分が蒸発する音がする。最後まで混ぜずに煮る。

4 火力にもよるが、20分以上で大きなドームのような泡ができては集まりはじけるようになる。

5 細かい泡が出はじめ、音が静かになって泡は微小になる。へらで泡をよけると完全に澄んで鍋底に沈殿したたんぱく質が見える。

6 こよりの先にギーを吸わせて火をつけてみて、音がしないで燃えれば、完全に水分がなくなった証拠。

7 不織布のペーパータオルを敷いたざるを保存容器にのせ、**6**をこす。

8 でき上がり。日本の気候では夏は液体のまま、冬は固まる。冷暗所で保存すれば冷蔵する必要はない。

知っておきたい
インド式ワンプレート

　インド式の献立は写真のようなワンプレートが基本。まず主食として、ご飯またはチャパーティーなどのパン類、もしくはその両方を用意します。そして、ご飯にしみ込むようなスープのあるタイプのカレーとダール、チャパーティーで包むのに適しているようなドライのサブジを用意します。また、一緒に混ぜるとおいしいラーエター、口直しのためのサラダを添えます。アクセントにアチャールと呼ばれる漬物（市販の瓶詰）も少量添えます。

　そして、食べ方は「混ぜて食べる」がインド式。カレー単品をご飯にかける日本式とはだいぶ違います。インド式は、ご飯の上にまずダールをかけてやさしい味を楽しみ、アチャールを少し足して口に運び、次にカレーを混ぜてリッチなフレーバーを堪能し、ラーエターをかけてマイルドさを加え、さらにサブジをのせる……というように、どんどん混ぜていき、そのつど変化する食感や香りを楽しみます。最終的にはすべての料理を混ぜて、そのおいしさを味わい尽くします。

　ご飯とパン類の両方があるときは、まずチャパーティーなどのパン類を食べてからご飯を食べるのが順序。パン類でカレーのかかったご飯を包むのは不作法なこととされています。

ラーエターの代わりにプレーンヨーグルト、サラダの代わりにスライスした玉ねぎでもよい。塩やレモンを添えてもおいしい。

サブジ

　サブジはヒンディー語で野菜という意味です。ベジタリアンが多いインドで、普段のおかずはほとんどがサブジ。ですから、インド式の野菜のお総菜＝サブジと考えればよいでしょう。

　サブジは汁けのないタイプと汁けの多いタイプがあり、主食がチャパーティーなどのパンのときは、包んで食べられるように汁けのないドライなタイプが合い、ご飯のときは、しみ込みがよい汁けの多いタイプが合います。どちらのタイプも、作り方は驚くほど簡単。適切なスパイス使いにより、野菜の味がよく引き出され、いつ食べても飽きません。日本の毎日の食卓にも野菜のおかずとして出せるシンプルさが魅力です。

じゃが芋のクミン炒め
作り方は次ページ

じゃが芋のクミン炒め
ジーレー ワーレー アールー

クミンシードの使い方を覚えるための実験レシピ。簡単ですが、炒めたクミンが香ばしく、冷めてもおいしいのが魅力です。じゃが芋は丸ごとゆでてから皮をむき、そのあと切るとホクホクッ！

材料（4人分）
じゃが芋 —— 3個（400g）
サラダ油 —— 大さじ1強
クミンシード —— 小さじ1½
調合スパイス
　レッドペッパー —— 小さじ⅛
　粗びき黒こしょう —— 小さじ½
　塩 —— 小さじ1

1 じゃが芋は皮ごと水からゆで、皮をむいて1.5cm角に切る。
2 調合スパイスの材料はよく混ぜておく。
3 フライパンにサラダ油を熱し、クミンシードを3～4粒落としてみて（写真a）、シューッと泡が出てきたら残りのクミンシードを入れ（写真b）、パチパチとはじけて香りが出てきたらじゃが芋を加えて炒める（写真c）。
4 2をふり入れて炒め合わせ、スパイスをじゃが芋になじませる。

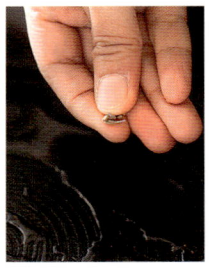
a クミンシードを数粒落としてみて、シューッと泡が出てきたら、ちょうどよい温度になった証拠。

b 残りのクミンシードも入れ、パチパチとはじけて香りが出るまで炒める。

c じゃが芋を加えて炒め、クミンとクミンの香りが移った油をよくなじませる。

じゃが芋とグリンピースのサブジ
アールー マタル

北インドのサブジの基本中の基本。じゃが芋は火の通りを均一にしたいので、同じ大きさに切りそろえます。グリンピースは生なら下ゆでし、冷凍のものは凍ったまま使います。ターメリックには殺菌効果があるので、お弁当のおかずにもおすすめ。

材料（4人分）
じゃが芋 —— 4個（500g）
グリンピース（冷凍）—— カップ½
サラダ油 —— 大さじ2
クミンシード —— 小さじ½
調合スパイス
　コリアンダーパウダー —— 小さじ2
　ターメリック —— 小さじ½
　レッドペッパー —— 小さじ¼
　塩 —— 小さじ1
ガラムマサラ —— 小さじ½

1 じゃが芋は皮をむいて1.5cm角に切り、さっと洗って、ざるに上げる。
2 調合スパイスの材料はよく混ぜておく（写真a）。
3 フライパンにサラダ油を熱し、クミンシードを3～4粒落としてみて、シューッと泡が出てきたら残りのクミンシードを入れ、パチパチとはじけて香りが出てきたらじゃが芋とグリンピースを加えて炒める。
4 2をふり入れて混ぜ合わせ（写真b）、ふたをしてごく弱火にし、じゃが芋に火を通す。じゃが芋が柔らかくなったらガラムマサラを加えてなじませる。

a 調合スパイス（コリアンダーパウダー、ターメリック、レッドペッパー、塩）は手でよく混ぜておく。

b じゃが芋とグリンピースを混ぜたら調合スパイスをふり入れ、全体に混ぜて均一になじませる。

なすのマスタードオイル焼き
ベグン バジャ

なすは急がずにじっくりと焼き、焦げ目がつくくらいしっかり焼くのがポイント。ターメリックを使うと風味がグンとよくなり、マスタードオイルで焼くとベンガル地方の味になります。なかったらサラダ油で代用します。

材料（4人分）
なす —— 4本
マスタードオイル —— カップ1/2
調合スパイス
- ターメリック —— 小さじ1 2/3
- レッドペッパー —— 小さじ1/3
- 塩 —— 小さじ1 1/2

※マスタードオイル … p.12 参照

1. なすはへたをつけたまま縦半分に切る。
2. 調合スパイスの材料をよく混ぜ合わせ、なすの切り口にまんべんなくまぶし、10分ほどおく（写真）。
3. フライパンにマスタードオイルを熱し、なすのスパイスをまぶした面を下にして入れる。弱火～中火でじっくりと焼き、こんがりと色づいたら上下を返し、焼き色がつくまでさらに焼く。

なすは水分が出てしっとりしてくるまでおく。米なすを厚い輪切りにして使ってもおいしい。

材料（4人分）
にんじん —— 大2本（400g）
サラダ油 —— 大さじ2⅔
クミンシード —— 小さじ½
調合スパイス
　クミンパウダー —— 小さじ½
　コリアンダーパウダー
　　　—— 小さじ1
　ターメリック —— 小さじ½
　レッドペッパー —— 2つまみ
　塩 —— 小さじ½
ガラムマサラ —— 1つまみ

にんじんのサブジ
ガージャル キ サブジ

味が濃くて甘みのあるにんじんでサブジを作る場合は、じゃが芋の場合とはスパイスの配合を少し変えます。にんじんの持ち味を引き出すのに最適なのはクミン。シードとパウダーの両方を使い、ふたのしっかり閉まる鍋で弱火でじっくり火を通すのがコツです。

1　にんじんは皮をむき、3〜4cm長さの拍子木切りにする。
2　調合スパイスの材料はよく混ぜておく。
3　鍋にサラダ油を熱し、クミンシードを3〜4粒落としてみて、シューッと泡が出てきたら残りのクミンシードを入れ、パチパチとはじけて香りが出てきたらにんじんを加えて炒める。
4　2をふり入れて混ぜ合わせ、ふたをしてごく弱火にし、にんじんに火を通す。にんじんが柔らかくなったらガラムマサラを加えてなじませる。火を止め、食べる直前までふたをしておく。

a カリフラワーとクミンがなじんだら、調合スパイスを少しずつ加える。

b 蒸気を逃がさないようにふたをして鍋をゆすり、焦げつかないように。

材料（4人分）
カリフラワー——1個（600g）
しょうが——1かけ
サラダ油——大さじ3
クミンシード——小さじ½
調合スパイス
┌ コリアンダーパウダー——小さじ2
│ ターメリック——小さじ1
│ レッドペッパー——小さじ½
└ 塩——小さじ1½
ガラムマサラ——小さじ½

カリフラワーのサブジ
プールゴービー キ サブジ

　カリフラワーは北インドではとてもポピュラーなサブジの素材で、グリーンの外葉も刻んで入れます。炒め油を少し多めにし、じっくりと炒めるのがおいしさのコツ。冬のカリフラワーは柔らかいので大きめに切り分けてもOK。夏のカリフラワーはかためなので芯に隠し包丁を入れるとよいでしょう。

1 カリフラワーは一口大に分ける。しょうがはせん切りにする。
2 調合スパイスの材料はよく混ぜておく。
3 鍋にサラダ油を熱し、クミンシードを3〜4粒落としてみて、シューッと泡が出てきたら残りのクミンシードを入れ、パチパチとはじけて香りが出てきたらカリフラワーを加えて1分炒める。
4 2を少しずつふり入れて混ぜ合わせ（写真a）、ふたをしてごく弱火にし、3〜4分したらしょうがを加える。ときどき鍋をゆすって焦げないようにしながら火を通す（写真b）。カリフラワーが柔らかくなったらガラムマサラを加えてなじませる。

材料（4人分）

じゃが芋 —— 3個（400g）
カリフラワー —— ½個（300g）
玉ねぎ —— ½個（100g）
トマト —— 1個（200g）
にんにく —— 1かけ
サラダ油 —— カップ½
クミンシード —— 小さじ⅔
調合スパイス
　┌ コリアンダーパウダー
　│　　—— 小さじ2
　│ ターメリック —— 小さじ1
　│ レッドペッパー —— 小さじ½
　└ 塩 —— 小さじ1強
水 —— カップ1
香菜（シャンツァイ）の粗みじん切り、
　しょうがのせん切り —— 各適量

じゃが芋とカリフラワーのサブジ
アールー ゴービー

日本で絶大な人気を誇るサブジの一つ。カリフラワーとじゃが芋、スパイスの組み合わせが絶妙なのはもちろんのこと、玉ねぎの甘さ、トマトソースのコクがプラスされたしっとりとした味わいが、日本人の口によく合います。

1 じゃが芋は皮をむいて2cm角に切る。カリフラワーはじゃが芋の倍くらいの大きさに切り分ける。玉ねぎは2～3等分の長さに切ってから繊維に沿って薄切りにする。

2 トマトはざく切りにし、にんにくとともにフードプロセッサーまたはミキサーでピュレ状にする。

3 調合スパイスの材料はよく混ぜておく。

4 鍋にサラダ油を熱し、クミンシードを3～4粒落としてみて、シューッと泡が出てきたら残りのクミンシードを入れ、パチパチとはじけて香りが出てきたらじゃが芋を加えて炒める。カリフラワーを加えてしっかりと炒め、いったんとり出す。

5 4の鍋に玉ねぎを加えて炒め、しっかりと色づいたら2を加え、フツフツとした状態で3分ほど煮る。3を加えてさらに1分ほど炒め、分量の水を加え、煮立ったら弱火にして5分ほど煮る。じゃが芋とカリフラワーを戻し入れてからめる。

6 器に盛り、香菜としょうがをのせる。

じゃが芋とキャベツは、インドの家庭料理では定番の組み合わせ。冷めても比較的おいしいこと、好き嫌いのない組み合わせなので、ピクニックのお弁当に作ることも多いようです。ポイントはじゃが芋を小さめに切り、時間差で炒めること。こうすると、2つの野菜の火の通り具合、味のしみ込み具合が同じに仕上がります。

キャベツとじゃが芋のサブジ
バッターゴービー アールー

材料(4人分)
キャベツ —— ¼個(300g)
じゃが芋 —— 3個(400g)
サラダ油 —— カップ⅓
クミンシード —— 小さじ½
調合スパイス
├ クミンパウダー —— 小さじ1
│ コリアンダーパウダー —— 小さじ1
│ ターメリック —— 小さじ½
│ レッドペッパー —— 小さじ¼
│ 粗びき黒こしょう —— 小さじ½
└ 塩 —— 小さじ1
ガラムマサラ —— 小さじ½

1 キャベツは細切りにする。じゃが芋は皮をむいて1cm角に切る(写真**a**)。

2 調合スパイスの材料はよく混ぜておく。

3 フライパンにサラダ油を熱し、クミンシードを3〜4粒落としてみて、シューッと泡が出てきたら残りのクミンシードを入れ、パチパチとはじけて香りが出てきたらじゃが芋を加えて2分ほど炒める。

4 3にキャベツを加えてさらに1分ほど炒め、2をふり入れて混ぜ合わせ、ふたをしてごく弱火にし(写真**b**)、キャベツとじゃが芋に火を通す。じゃが芋が柔らかくなったらガラムマサラを加えてなじませる(写真**c**)。

a キャベツは細切りにし、じゃが芋は1cm角に切る。キャベツは、春キャベツなど柔らかいものを使うときは、太めのざく切りにしても。

b じゃが芋、キャベツを時間差で加えて炒め、調合スパイスを混ぜたら、ふたをして火を通す。

c じゃが芋が柔らかくなったら、仕上げにガラムマサラをふり入れて、全体に味をなじませる。

a キャベツをメインに、食感の違う野菜を組み合わせる。キャベツ以外は小さく切ってキャベツの脇役に。

b 玉ねぎ、にんにく、しょうがを炒めたら、ほかの野菜を加えていく。香味野菜が入ることでまとまりのある味になる。

c キャベツは数回に分けて入れる。先に入れたキャベツがややしんなりしてきたら次を入れ、混ぜていく。

キャベツのバージ
バッターゴービー バージ

バージは野菜の素朴な家庭料理で、カレーほど凝ったものではない炒め煮のようなサブジのこと。やや汁けのあるしっとりとしたタイプもこう呼びます。キャベツのバージはその代表格。キャベツやトマトから水分が出て、やさしい口当たりに仕上がります。

材料（4人分）
キャベツ —— 1/2個（600g）
トマト —— 1/2個（100g）
じゃが芋 —— 1個（100〜150g）
いんげん —— 80g
玉ねぎ —— 1/2個（100g）
にんにく、しょうが —— 各1/2かけ
サラダ油 —— 大さじ2と2/3
クミンシード —— 小さじ2/3
調合スパイス
　ターメリック —— 小さじ1/2
　レッドペッパー —— 小さじ1/3
　粗びき黒こしょう —— 小さじ1/4
　塩 —— 小さじ1
ガラムマサラ —— 小さじ2/3

1 キャベツは細切りにし、トマトはざく切りにする。じゃが芋は皮をむいて1cm角に切り、いんげんは5mm長さに切る。玉ねぎは2〜3等分の長さに切ってから、繊維に沿って薄切りにする。にんにくとしょうがはみじん切りにする（写真 **a**）。

2 調合スパイスの材料はよく混ぜておく。

3 フライパンにサラダ油を熱し、クミンシードを3〜4粒落としてみて、シューッと泡が出てきたら残りのクミンシードを入れ、パチパチとはじけて香りが出てきたら玉ねぎ、にんにく、しょうがの順に加えて炒める。玉ねぎが薄く色づいたらじゃが芋、いんげんを加えてさらに炒める（写真 **b**）。

4 3にキャベツを数回に分けて加え（写真 **c**）、2をふり入れて混ぜ合わせ、トマトを加える。ふたをしてごく弱火にし、10〜15分かけてじっくりと火を通す。仕上げにガラムマサラを加えてなじませる。

材料(4人分)
オクラ —— 30本
トマト —— 小1個(150g)
玉ねぎ —— ½個(100g)
にんにく、しょうが —— 各½かけ
ターメリック —— 小さじ½
サラダ油 —— 大さじ2
調合スパイス
　レッドペッパー —— 小さじ¼
　塩 —— 小さじ1
レモン汁 —— 大さじ1

オクラとトマトのサブジ
ビンディー マサラ

最低限のスパイスであっさりと仕上げる、ホットサラダのようなサブジ。インドではオクラのサブジにマンゴーパウダーという酸っぱいスパイスを使いますが、ここではレモン汁で代用します。ご飯にたっぷりのせてどんぶり仕立てにしてもよいし、日本の食卓にも合わせやすいお手軽な一品です。

1　オクラは水で洗ってへたをとり、5mm厚さの小口切りにする（写真 **a**）。トマトは1cm角に切る。玉ねぎは粗みじん切りにし、にんにくとしょうがはみじん切りにする。
2　調合スパイスの材料はよく混ぜておく。
3　フライパンにサラダ油を熱し、玉ねぎを入れて軽く色づくまで4〜5分炒める。にんにく、しょうが、ターメリックを加えてさらに1分ほど炒める（写真 **b**）。
4　**3**にオクラ、トマト、**2**を加えてさっと混ぜ（写真 **c**）、ふたをして弱火で3〜4分蒸し煮にする。野菜がしっとりしてきたら、仕上げにレモン汁をかける。

a　オクラは5mm厚さの小口切りにする。いつもは脇役になりがちなオクラをたっぷり使って主役にする。

b　玉ねぎが色づいてきたら、にんにく、しょうが、ターメリックを加えて香りを立たせる。

c　オクラ、トマト、調合スパイスを加えてさっと混ぜる。あとはふたをして火を通す。

パンジャーブ地方の家庭料理の定番レシピ。バラタとは元来"混ぜる"という意味ですが、あえる料理にもよく使われる言葉です。おいしさのポイントは、なすをとろとろになるまでじっくりと焼くことと、熟れたトマトを使うこと。水を足さずにディップのように仕上げるのが特徴です。

なすとトマトのバラタ

ベイガン バラタ

材料（4人分）
なす —— 6〜7本
完熟トマト —— 大1個（300g）
玉ねぎ —— 1½個（300g）
しょうが —— 2かけ
サラダ油 —— カップ½
クミンシード —— 小さじ1
調合スパイス
　ターメリック —— 小さじ1
　レッドペッパー —— 小さじ½
　ガラムマサラ —— 小さじ1
　塩 —— 小さじ1強
粗びき黒こしょう —— 小さじ½強

1 なすはグリルまたはオーブントースターに並べ、中がとろとろになるまでじっくりと焼く。手で持てる程度に冷まし、へたの先まで皮をむき（写真a）、包丁で細かくたたく（写真b）。
2 トマトはざく切りにし、玉ねぎはみじん切りにする。しょうがはごく細かいみじん切りにする。
3 調合スパイスの材料はよく混ぜておく。
4 厚手の鍋にサラダ油を熱し、クミンシードを3〜4粒落としてみて、シューッと泡が出てきたら残りのクミンシードを入れ、パチパチとはじけて香りが出てきたら玉ねぎを加え、20〜30分かけてじっくりと炒める。
5 玉ねぎがあめ色になって油がしみ出てきたら（写真c）、1としょうがを加えてよく混ぜ、3をふり入れてよく混ぜる（写真d）。
6 トマトを加え、ふたをしてごく弱火にし、15〜20分蒸し煮にする。仕上げにこしょうをふる（写真e）。

a 香ばしく焼いたなすの皮をむく。ボウルに水を用意し、なすが熱すぎたら手を水につけて冷やしながらむくとよい。

b なすを包丁で細かくたたく。もしくはフードプロセッサーでペースト状にしてもよい。好みで。

c 玉ねぎは、あめ色になって油がしみ出てくるまでじっくりと炒める。

d なすとしょうがを混ぜたら、ターメリック、レッドペッパー、ガラムマサラ、塩を混ぜた調合スパイスを加える。

e 仕上げにこしょうをふって香りをプラスし、味を引き締める。

カレー

　まず基本になるのは、玉ねぎを炒めたときに出てくるコクとうまみ。「あめ色になるまで炒める」と記しているレシピは、とにかくしっかりあめ色になるまで炒めることがとても重要です。でも、そのあとは難しいことはありません。スパイスに任せておけば、煮込むうちに自然とおいしいカレーになってくれます。

　豪華なレストラン仕様のカレーは「食の芸術」として多種のスパイスを使うことも多いのですが、ここでは、5つのスパイスだけで十分おいしい！というレシピを集めました。スパイスはたくさん使えばよいというものではありません。最低限のスパイスで、ていねいにきっちり作ることが大切です。

基本のチキンカレー
作り方は次ページ

基本のチキンカレー
ムルギー マサラ

カレーベースを作って肉と一緒にスパイスで煮る、基本中の基本。一番のコツは、玉ねぎをあめ色になるまでしっかりと炒めること。2番目のコツは、ぶつ切りの鶏肉を使うこと。割った骨の髄から味が出るので、骨つきであっても手羽元などではおいしくできません。日本の鶏肉はインドの鶏肉とは味わいが違いますが、ブイヨンで煮ることで本場の味に近づけることができます。

材料（4人分）
鶏もも肉（骨つき・ぶつ切り）——800g
玉ねぎのみじん切り——大2個分（500g）
にんにくのみじん切り——1かけ分
しょうがのみじん切り——1かけ分
完熟トマトのざく切り——1個分（250g）
サラダ油——カップ2/3
クミンシード——小さじ1
バター——大さじ1
調合スパイス
　コリアンダーパウダー——大さじ1 2/3
　ターメリック——小さじ2/3
　レッドペッパー——小さじ1/2
　塩——小さじ1
ベイリーフ（ローリエ）——2枚
チキンブイヨン（温かいもの）——カップ3
ガラムマサラ——小さじ1

1 鍋にサラダ油を熱し、クミンシードを3〜4粒落としてみて、シューッと泡が出てきたら残りのクミンシードを入れて炒める。

2 クミンシードがパチパチとはじけて香りが出てきたら、玉ねぎを加えて炒める。

3 バター、にんにく、しょうがを入れて、さらに炒める。

4 玉ねぎがあめ色になり、油がしみ出てくるまでよく炒める。これがポイント。

5 トマトを加えて炒め合わせ、なめらかな赤茶色のソースに仕上げる。これがカレーベース。

※カレーベースは保存可。フリーザーバッグに入れて平らにし、冷凍庫に入れておけば、2ヵ月ほどもつ。

6 調合スパイスの材料をよく混ぜ、5のカレーベースにふり入れる。

7 ベイリーフを加え、全体に混ぜてスパイスをなじませる。

8 鶏肉を加え、カレーベースを全体にまぶしつけるようによく混ぜる。

9 温かいブイヨンを入れ、煮る。

10 とろりとするまで、1時間ほど煮込む。

11 仕上げにガラムマサラを加えてなじませ、チキンカレーの完成！

基本のキーマカレー
キーマ マタル

材料(4人分)
豚ひき肉 — 250g
グリンピース(冷凍) — カップ½
玉ねぎ — 大2個(500g)
完熟トマト — 1個(250g)
にんにく — 2かけ
しょうが — 1かけ
赤唐辛子 — 2本
サラダ油 — 適量
クミンシード — 小さじ1
バター — 大さじ1

調合スパイス
クミンパウダー — 小さじ2
コリアンダーパウダー — 大さじ2
ターメリック — 小さじ1
レッドペッパー — 小さじ½
黒粒こしょう
　(粗くつぶしたもの) — 12粒
塩 — 小さじ1
チキンブイヨン(温かいもの)
　— カップ3½
ガラムマサラ — 小さじ1

誰にでも喜ばれる大人気のカレー。インドでは通常マトンで作ってスパイスにはクローブも入れますが、豚肉で作る場合は、クローブはなくてOK。にんにくとしょうがをすりおろして一緒に炒めることで肉の臭みがとれます。肉汁がしみ込んだグリンピースも美味です。

a にんにくとしょうがのすりおろし、赤唐辛子を炒めて香りを立たせる。

b 豚ひき肉に半分ほど火が通ったら、調合スパイスをふり入れる。

c スパイスを混ぜたらカレーベースを加える。カレーベースはp.32のチキンカレーのカレーベースを利用しても。

1 玉ねぎはみじん切りにし、トマトは小さめのざく切りにする。にんにくとしょうがはすりおろす。

2 調合スパイスの材料はよく混ぜておく。

3 鍋にサラダ油カップ⅔を熱し、クミンシードを3〜4粒落としてみて、シューッと泡が出てきたら残りのクミンシードを入れ、パチパチとはじけて香りが出てきたら玉ねぎを加えて炒める。少ししたらバターを加え、玉ねぎがあめ色になって油がしみ出てくるまで炒める。

4 3にトマトを加えて炒め合わせ、なめらかな赤茶色のソースに仕上げる。カレーベースのでき上がり。

5 別の鍋にサラダ油少々を熱し、にんにく、しょうが、赤唐辛子を入れて炒める(写真**a**)。よい香りがしてきたら豚ひき肉を入れ、半分ほど火が通ったら2をふり入れて(写真**b**)さっと混ぜる。

6 4のカレーベースを加えてよくなじませ(写真**c**)、グリンピースとブイヨンを入れ、煮立ったら弱火にして1時間ほど煮込む。仕上げにガラムマサラを加えてなじませる。

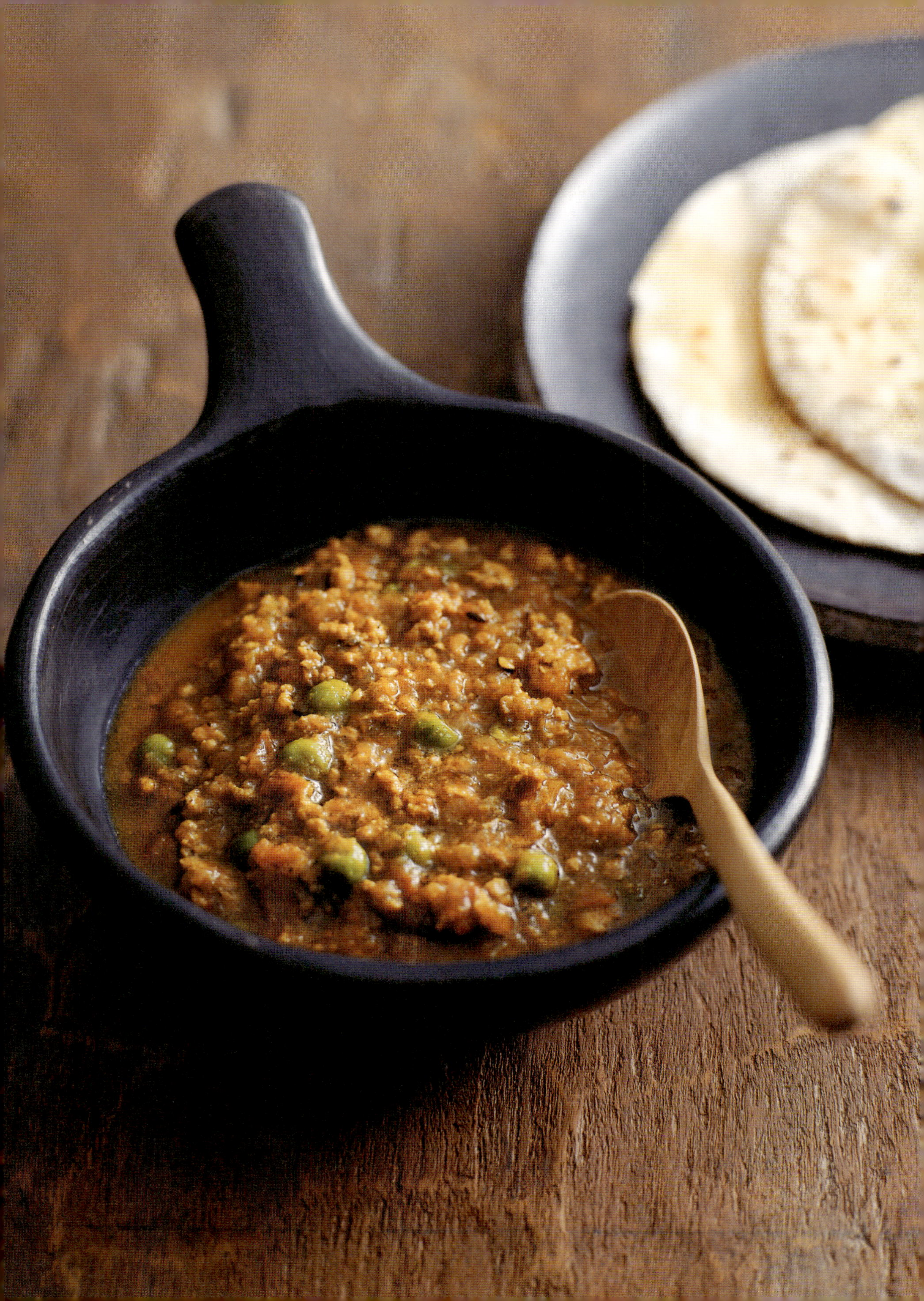

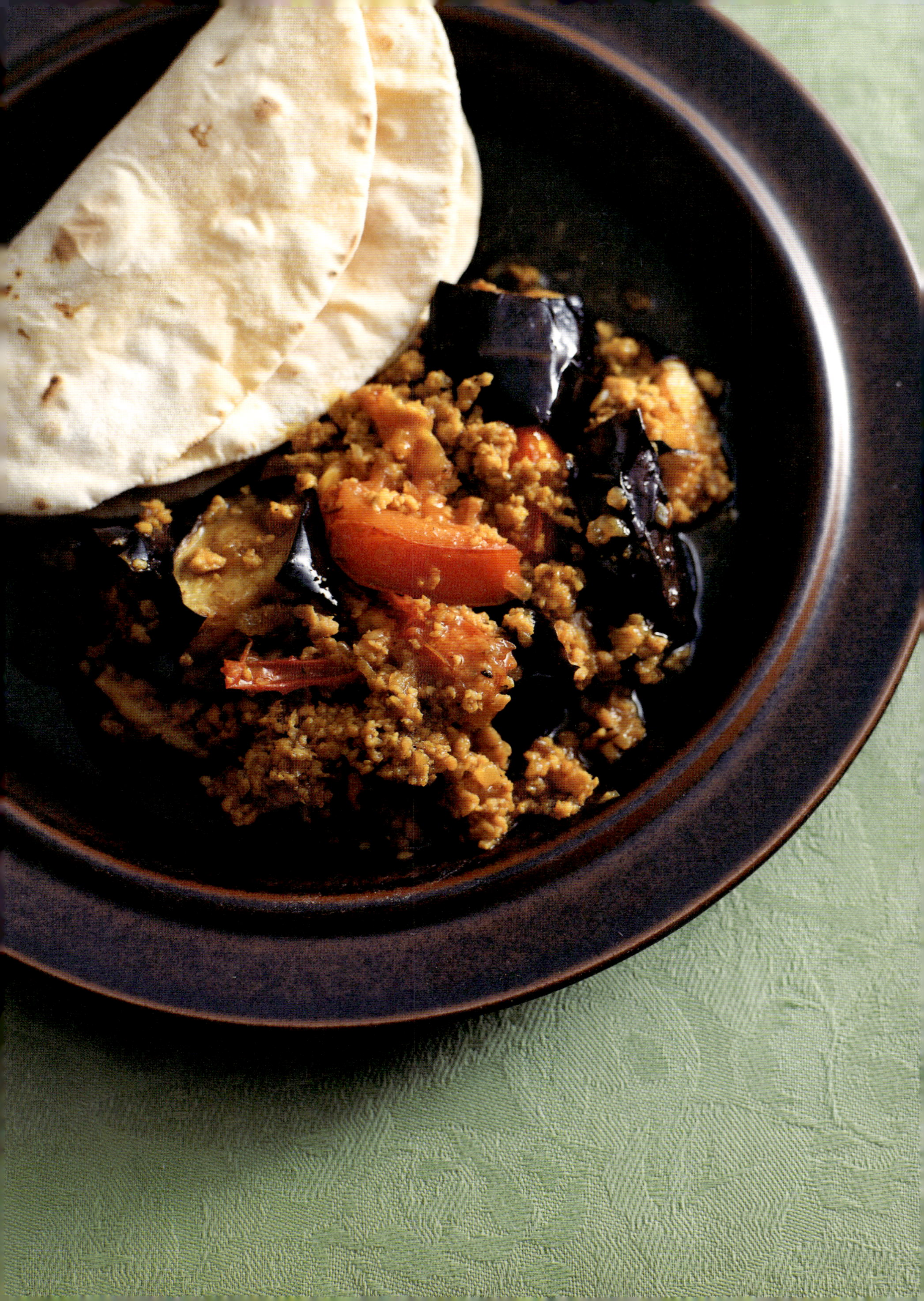

材料(4人分)
鶏ひき肉 —— 250g
なす —— 4本
玉ねぎ —— 1個(200g)
トマト —— 2個(400g)
にんにく —— 3かけ
サラダ油 —— カップ¼
クミンシード —— 小さじ½
調合スパイス
　ターメリック —— 小さじ1
　レッドペッパー —— 小さじ½
　ガラムマサラ —— 小さじ1
　塩 —— 小さじ1½
粗びき黒こしょう —— 適量
揚げ油 —— 適量

なすとチキンのキーマカレー

鶏肉のキーマは短時間で火が通るので、気軽に作れるのが魅力。ここになすとトマトを加えたのがこのカレー。水分を加えずに蒸し煮にして仕上げます。鶏肉とトマトのうまみがなすにしみ込んで美味！　なすを揚げるのが面倒なときは、多めの油で揚げ焼きしてもOKです。

1 なすはへたをとって乱切りにし、中温(180度)の揚げ油で素揚げする(写真a)。玉ねぎはみじん切りにし、トマトは大きめのくし形に切る。にんにくはすりおろす。
2 調合スパイスの材料はよく混ぜておく。
3 鍋にサラダ油を熱し、クミンシードを3〜4粒落としてみて、シューッと泡が出てきたら残りのクミンシードを入れ、パチパチとはじけて香りが出てきたら玉ねぎを加えて炒める。すぐににんにくを加え、玉ねぎがしっかり色づくまで15分ほど炒める(写真b)。2をふり入れてよくなじませる(写真c)。
4 3に鶏ひき肉を入れて炒め合わせ、トマトを加え、ふたをして弱火で10分ほど蒸し煮にする(写真d)。焦げそうになったら水少々を足す。
5 1のなすを加えて混ぜ、仕上げにこしょうをふる。

a なすは油で揚げる。揚げると水分が抜けて小さくなるので、大きめの乱切りにする。

b 玉ねぎはしっかりと色づくまでていねいに炒める。

c 調合スパイスを加えてなじませ、香りを立たせる。

d ふたをして弱火で煮る。トマトは煮溶けないように、大きめに切っておくとよい。

材料（4人分）
ほうれんそう —— 1束（200g）
ささ身 —— 4本
玉ねぎ —— 大1個（300g）
トマト —— 大1個（300g）
にんにく、しょうが —— 各1かけ
赤唐辛子（種をとったもの）—— 1本
ターメリック —— 小さじ⅔

ささ身の下味
- レッドペッパー —— 小さじ¼
- ガラムマサラ —— 小さじ1
- 塩 —— 小さじ½
- サラダ油 —— 大さじ1

サラダ油 —— カップ½
クミンシード —— 小さじ⅔
コリアンダーパウダー —— 大さじ1
粗びき黒こしょう —— 小さじ½
塩 —— 小さじ1⅓
生クリーム —— カップ¼

ほうれんそうとチキンのカレー
サーグ チキン

サーグとは青菜の総称。小松菜や大根葉などでもできますが、ほうれんそうがインドでは高級野菜として好まれ、この料理にも向いています。ここで紹介するレシピは、スパイスの数を絞ったあっさり仕立てなので、組み合わせる鶏肉は淡泊なささ身を使ってバランスよく仕上げます。

a ほうれんそうはあとでペースト状にするので、柔らかくゆで、ざるに上げておく。

b 玉ねぎ、トマト、にんにく、しょうが、赤唐辛子、ターメリックをフードプロセッサーでペースト状にする。

c 下味をつけたささ身を少量の水とともに鍋に入れ、ふたをして蒸しゆでにする。この方法だとささ身が柔らかなまま。

d ペースト状にした野菜をあめ色になるまで炒める。しっかり炒めるとうまみが凝縮される。

e ペースト状にしたほうれんそうと水を加えて、なめらかな緑色のソースにする。

1 鍋に半分の高さまで水を入れ、重曹小さじ½（分量外）を加え、ほうれんそうを入れてゆで、洗ってざるに上げる（写真**a**）。水少々とともにフードプロセッサーに入れて攪拌し、ペースト状にし、ボウルなどにとり出す。

2 玉ねぎ、トマト、にんにく、しょうが、赤唐辛子はざく切りにし、フードプロセッサーに入れ、ターメリックを加え（写真**b**）、攪拌してペースト状にする。

3 ささ身は縦半分に切り、下味の材料をよく混ぜてもみ込む。フライパンに水大さじ2とともに入れ、ふたをして蒸しゆでにし（写真**c**）、一口大に切る。

4 鍋にサラダ油を熱し、クミンシードを3〜4粒落としてみて、シューッと泡が出てきたら残りのクミンシードを入れ、パチパチとはじけて香りが出てきたら**2**を加え、あめ色になるまで炒める（写真**d**）。

5 コリアンダーパウダー、こしょう、塩を加えてさらに1分炒め、**1**と水カップ1½を加える（写真**e**）。煮立ったら生クリームと**3**を加えて混ぜる。

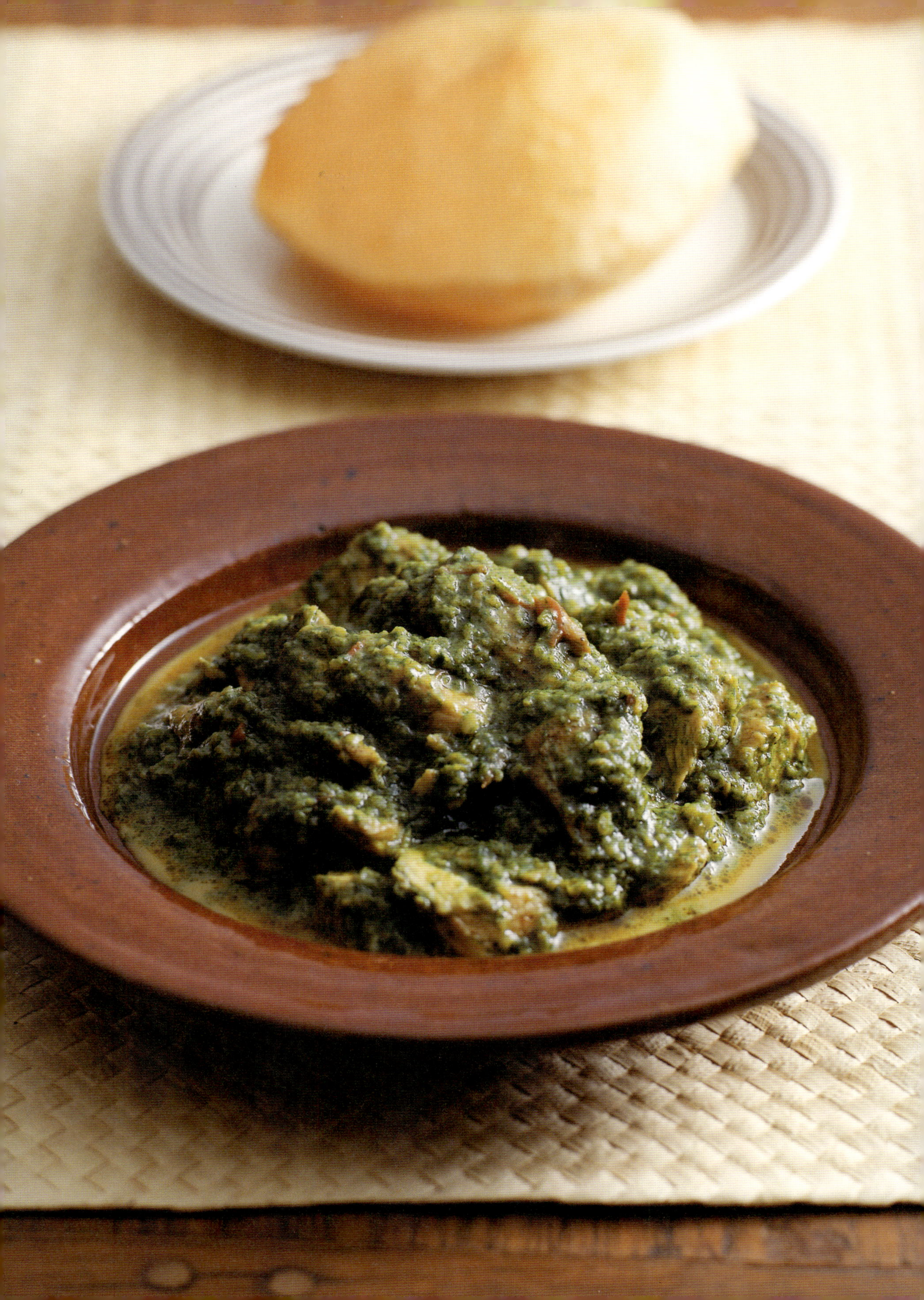

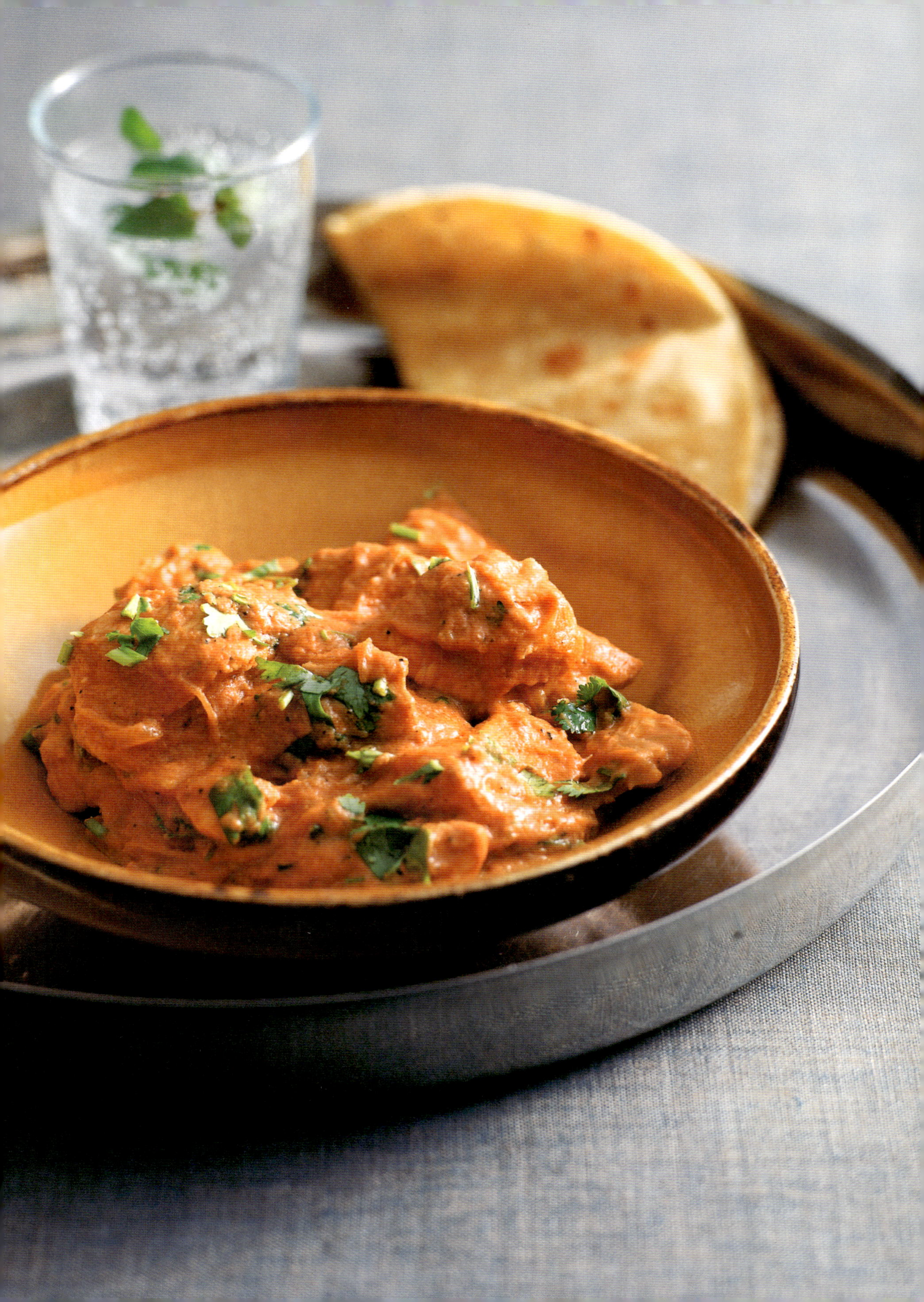

バターチキン

日本のインド料理店では定番の、濃厚な味の人気カレー。ここでは5つのスパイス限定での簡易バージョンを紹介します。おいしく仕上げるためには、良質のバターや生クリームを使うことが重要。そして、せっかくのバターの風味を鶏肉の脂が消してしまわないように、必ず鶏の皮はとり除いて使います。

材料（4人分）
鶏胸肉 — 400g
鶏肉の下味
　┌ホールトマト（水煮缶）— 1缶（400g）
　│にんにくのすりおろし — 1かけ分
　│しょうがのすりおろし — 1かけ分
　│プレーンヨーグルト — 大さじ4
　│アーモンドパウダー — 大さじ2
　│コリアンダーパウダー — 小さじ½
　│粗びき黒こしょう — 小さじ½
　└塩 — 小さじ1½
玉ねぎ — 1個（200g）
バター — 40g
サラダ油 — 大さじ1
生クリーム — 大さじ3
ガラムマサラ — 小さじ½
香菜（シャンツァイ）（刻んだもの） — カップ½

※アーモンドパウダーは製菓材料コーナーなどで手に入る

1. 鶏肉の下味の材料を用意する（写真a）。下味の材料のホールトマトはミキサーにかけてペースト状にし、ほかの材料とともにボウルなどに合わせる。
2. 鶏肉は皮をとり除き、繊維に直角に1cm以下の厚さのそぎ切りにする（写真b）。1のボウルに入れて1時間以上おく（写真c）。
3. 玉ねぎは薄切りにする。
4. 鍋にバターとサラダ油を熱し、玉ねぎを入れて10分ほど炒める。玉ねぎが少し色づいたら、2の鶏肉を下味ごと加え（写真d）、15分ほど煮て生クリームを加える。
5. 仕上げにガラムマサラを加えてなじませ、香菜を混ぜ込む。

a 鶏肉の下味はホールトマト、にんにくのすりおろし、しょうがのすりおろし、ヨーグルト、アーモンドパウダー、コリアンダーパウダー、こしょう、塩。

b 鶏肉は1cm以下の厚さのそぎ切りにする。あまり厚くないほうがよい。

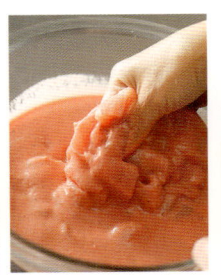

c 鶏肉に下味をつけておくのが、おいしさの秘訣。1時間以上おくこと。

d 玉ねぎを炒めたら鶏肉を下味ごと加える。さらに生クリームをプラスして濃厚な味わいに。

鶏 ひき肉にひよこ豆を練り込んだ柔らかな肉団子を、すっきりとしたトマトのカレースープで煮ます。煮ていくうちに鶏のうまみがどんどんしみ出て、よい味に仕上がっていきます。やさしい味の肉団子ですが、しょうがやこしょうの刺激で少しビビッドにするのがポイント。

豆入り肉団子カレー
コーフター

a 豆入り肉団子の材料。ひよこ豆は粗くつぶして入れると、食べやすく、食感もよい。

b サラダ油を手につけて成形する。火が通りやすいように、やや平たいボール状に。

c 調合スパイスを加えたら、炒めるようにして煮詰めていく。

d 豆入り肉団子を入れて煮る。煮ているうちにうまみが出ておいしいカレースープになる。

材料(4人分)

豆入り肉団子
- 鶏ひき肉 —— 220g
- ひよこ豆(水煮缶) —— 80g
- ピーマン —— 1個
- 玉ねぎ —— 1/4個(40g)
- にんにく、しょうが —— 各1/2かけ
- 粗びき黒こしょう —— 小さじ2/3
- レッドペッパー —— 小さじ1/4
- 片栗粉 —— 大さじ1・1/2
- 塩 —— 小さじ2/3

トマト —— 大1個(300g)
にんにく —— 1かけ
塩 —— 小さじ1/2
サラダ油 —— 大さじ2
クミンシード —— 小さじ2/3

調合スパイス
- コリアンダーパウダー —— 小さじ2
- ターメリック —— 小さじ1/2
- レッドペッパー —— 小さじ1/3
- 塩 —— 小さじ2/3

水 —— カップ1・1/2
ガラムマサラ —— 小さじ1/2
しょうがのせん切り —— 適量

1. 豆入り肉団子を作る。ひよこ豆は粗くつぶし、ピーマンと玉ねぎはみじん切りにし、にんにくとしょうがはすりおろす。ほかの材料とともにボウルに入れ(写真**a**)、手でこねる。16等分し、手にサラダ油(分量外)をつけ、やや平たいボール状に成形する(写真**b**)。
2. トマト、にんにく、塩はミキサーにかけてなめらかにする。
3. 調合スパイスの材料はよく混ぜておく。
4. 鍋にサラダ油を熱し、クミンシードを3〜4粒落としてみて、シューッと泡が出てきたら残りのクミンシードを入れ、パチパチとはじけて香りが出てきたら2、3の順に加え、炒めるようにしながら5分ほど煮詰める(写真**c**)。
5. 分量の水を注ぎ入れ、煮立ったら1の肉団子を入れて(写真**d**)15分煮、ガラムマサラを加えてなじませる。
6. 器に盛り、しょうがのせん切りをのせる。

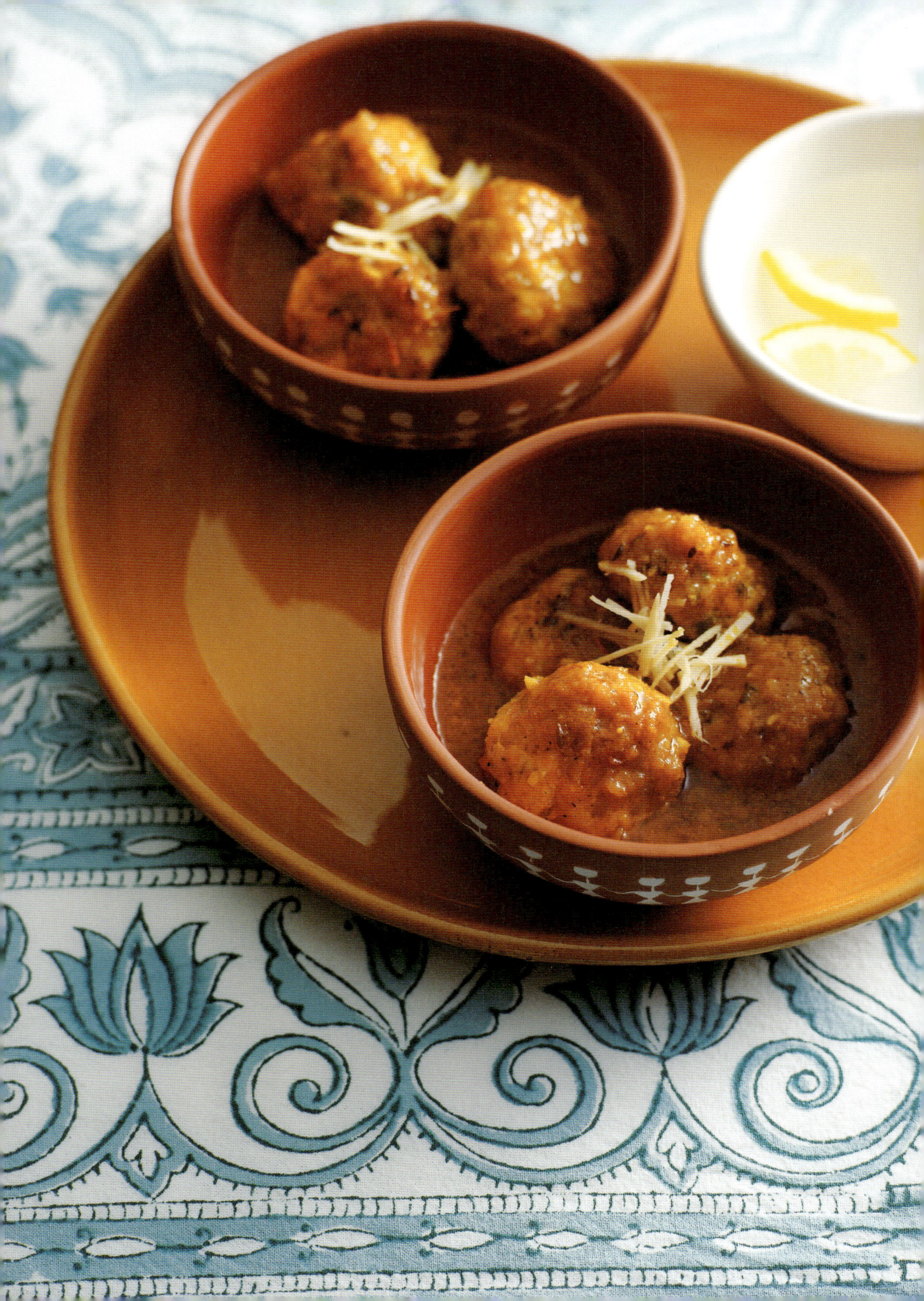

材料（4人分）
えび（無頭・殻つき）── 16尾
えびの下味
　┌ レモン汁または酢 ── 大さじ1
　│ 粗びき黒こしょう ── 小さじ⅓
　└ 塩 ── 小さじ½
玉ねぎ ── 大1個（300g）
完熟トマト ── 1個（250g）
にんにく、しょうが ── 各1かけ
赤唐辛子 ── 1本
ターメリック ── 小さじ1
レッドペッパー ── 小さじ¼
粗びき黒こしょう ── 小さじ½
塩 ── 小さじ2
マスタードオイル
　またはサラダ油 ── カップ½
クミンシード ── 小さじ½
チキンブイヨン（温かいもの）── カップ3
梅肉または練り梅 ── 小さじ1〜2
ガラムマサラ ── 小さじ½
※マスタードオイル…p.12参照

えびカレー
ジーンガー マサラ

東　インドのレシピ。本来はタマリンドというマメ科の酸っぱい実を使いますが、なんと梅干しを使ってもぴったり！酸っぱくて塩辛い味がえびにとてもよく合います。ピリリとしたマスタードオイルを使うと、現地の味にグッと近づきます。

a えびは背に深く切り込みを入れ、背わたをとると同時に味がよくからまるようにしてから、下味をつける。

b 玉ねぎ、トマト、にんにく、しょうが、赤唐辛子、ターメリック、レッドペッパー、こしょう、塩をペースト状にする。

c ペーストを焦がさないようにときどき混ぜながら30分ほど煮る。

d 30分ほど煮て煮詰まった状態。野菜とスパイスのうまみがギュッと凝縮している。

e 梅肉とガラムマサラを加えて仕上げる。梅肉の量は塩分をみながら加減するとよい。

1　えびは尾を残して殻をとり、背に深く切り込みを入れて背わたをとる。下味の材料を合わせてふる（写真 **a**）。
2　玉ねぎ、トマト、にんにく、しょうがはざく切りにし、赤唐辛子、ターメリック、レッドペッパー、こしょう、塩とともにフードプロセッサーに入れて攪拌し（写真 **b**）、ペースト状にする。
3　鍋にマスタードオイルを熱し、クミンシードを3〜4粒落としてみて、シューッと泡が出てきたら残りのクミンシードを入れ、パチパチとはじけて香りが出てきたら2を加え、焦がさないように30分ほど煮る（写真 **c**）。
4　半量以下に煮詰まって油がしみ出てきたら（写真 **d**）、ブイヨンを入れて煮立て、1のえびを入れて2〜3分煮る。
5　仕上げに梅肉とガラムマサラを加えてなじませる（写真 **e**）。

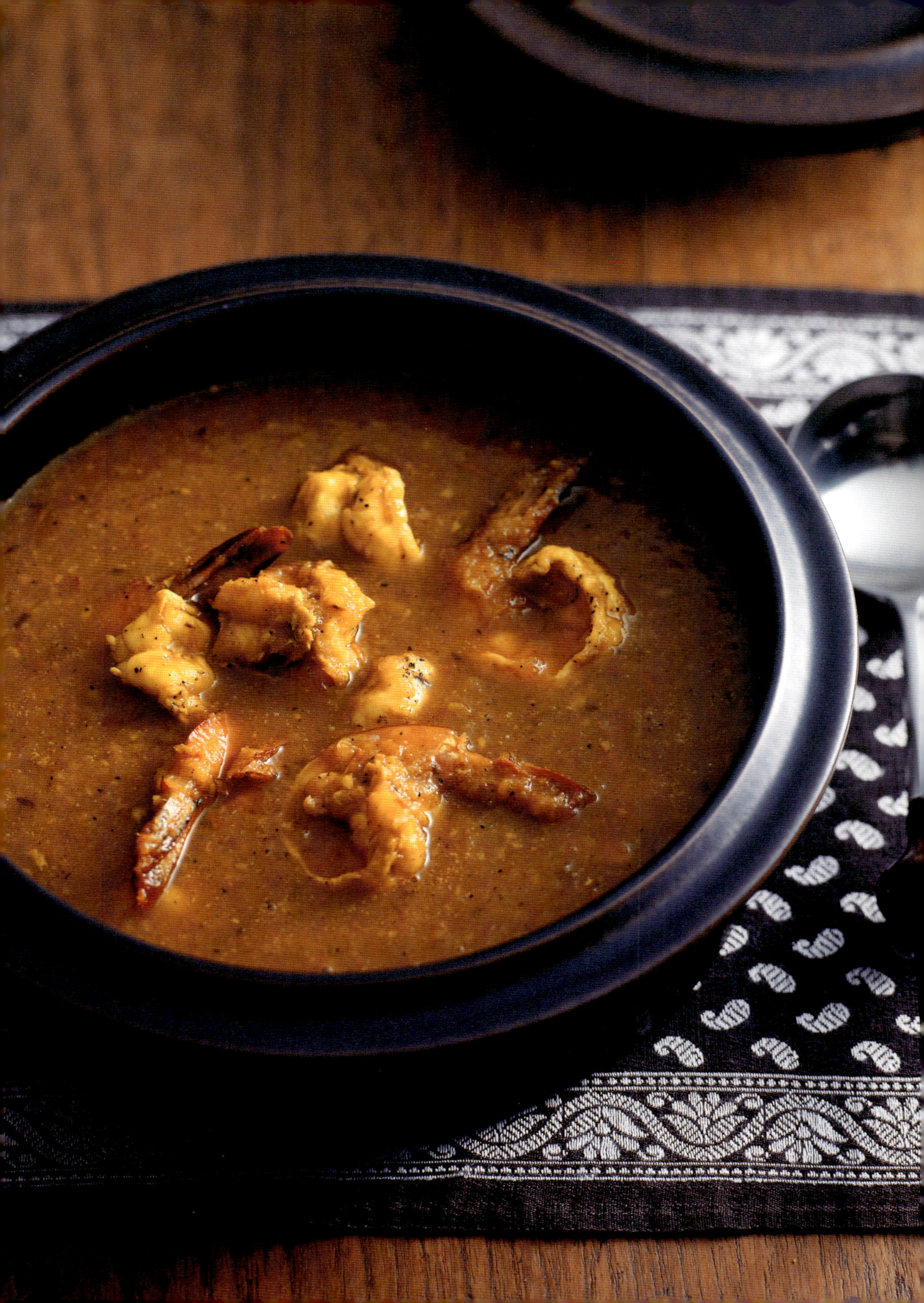

材料(4人分)
白身魚(鯛または生だら) ── 4切れ
白身魚の下味
- ターメリック ── 小さじ⅔
- レッドペッパー ── 小さじ¼
- 塩 ── 小さじ½

カリフラワー ── ⅓～½個(200g)
玉ねぎ ── 大1個(300g)
トマト ── 1個(200g)
にんにくのすりおろし ── 2かけ分
しょうがのすりおろし ── 1かけ分
サラダ油 ── 適量
マスタードオイル ── 小さじ2
水 ── カップ2
調合スパイス
- クミンパウダー ── 小さじ1強
- コリアンダーパウダー ── 小さじ1強
- ターメリック ── 小さじ¾
- レッドペッパー ── 小さじ¼
- 塩 ── 小さじ1強

香菜(刻んだもの) ── 適量
※マスタードオイル … p.12 参照

白身魚とカリフラワーのカレー
マチェル ジョル

東インド・ベンガル地方の人たちは魚が大好き。この地方で好まれるマスタードオイルは魚料理にぴったりで、このカレーもマスタードオイルを使います。鯛やたらなど日本の白身魚にも向いています。魚のうまみたっぷりのスープ、そのスープを吸ったカリフラワーも美味。

a ターメリック、レッドペッパー、塩を水で溶いてペースト状にし、白身魚に下味をつける。

b 白身魚は油で揚げ焼きする。こんがりと色づいたらとり出す。

c 調合スパイスを入れて炒める。焦げそうなときは水を大さじ1ずつ、数回入れながらしっかりと炒める。

d 玉ねぎがあめ色になって油がしみ出るまで炒める。ここまでていねいに炒めるのが、おいしさの秘訣。

1. 白身魚は水で洗って半分に切る。下味の材料を合わせ、水少々を加えてペースト状にし、白身魚にまぶす(写真**a**)。
2. カリフラワーは小房に分ける。玉ねぎは縦半分に切って3～4mm幅に切る。トマトはくし形に切る。
3. フライパンにサラダ油を多めに熱し、1を入れて揚げ焼きする(写真**b**)。残った油でカリフラワーを軽く炒める。
4. 調合スパイスの材料はよく混ぜておく。
5. 鍋にサラダ油大さじ2とマスタードオイルを熱し、玉ねぎをよく炒め、にんにく、しょうがを加えて炒める。4をふり入れ(写真**c**)、玉ねぎがあめ色になって油がしみ出てくるまでさらに炒める(写真**d**)。
6. 分量の水を加え、煮立ったら3の白身魚を入れ、ふたをして弱火で5分煮る。カリフラワーを加えて10分煮、トマトを加えてさらに煮る。
7. 器に盛り、香菜を散らす。

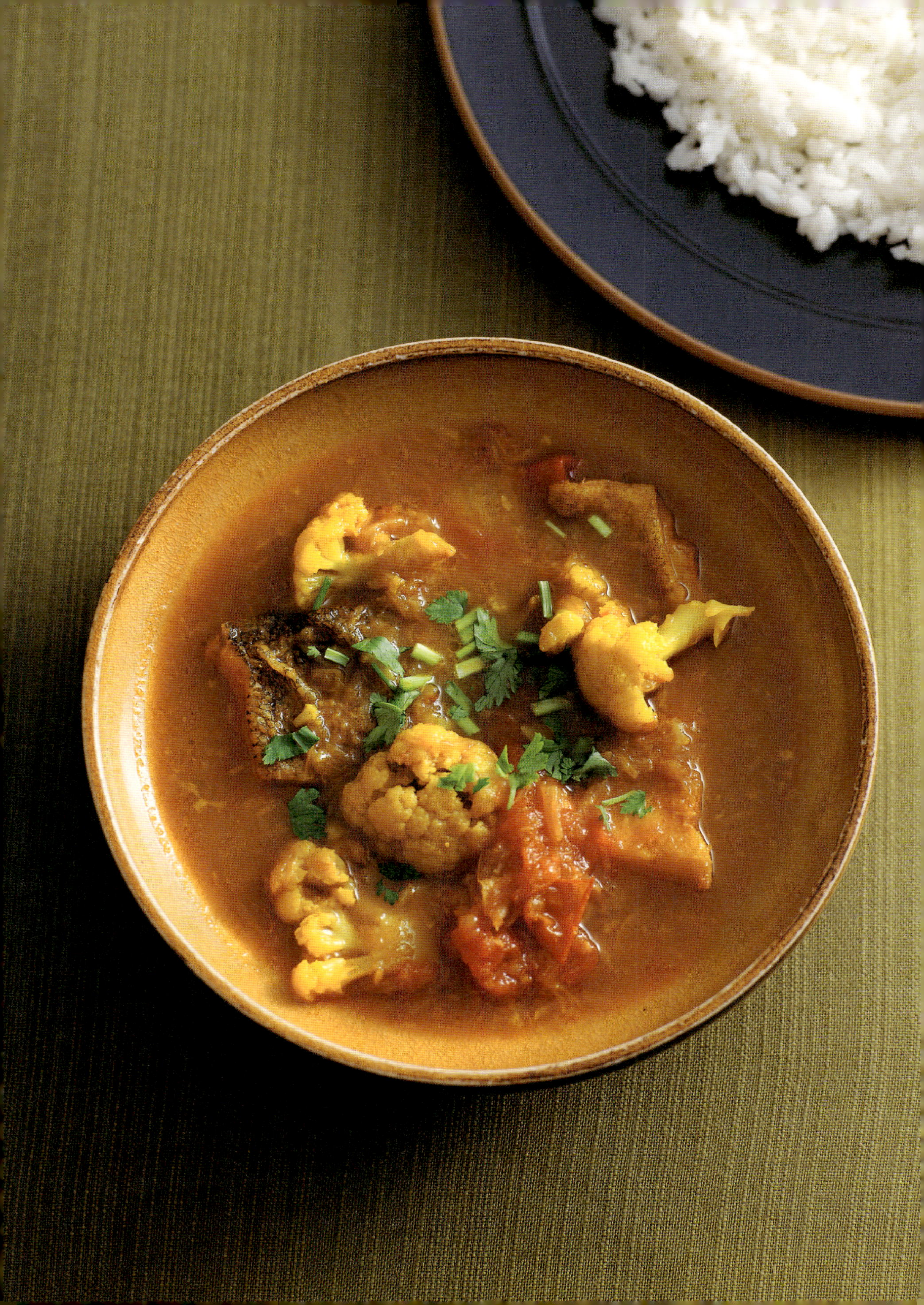

ケ ララ州のココナッツシチューを、子どもでも食べられる
ようにしたマイルドな一品。カレーには見えないような
仕上がりですが、これもまたインドの味。生クリームやバター
を使わないのでさらっとしています。現地では米の麺や米粉の
パンと一緒に食べるので、米由来のビーフンをゆでて添えても
よいでしょう。

a カレーの具は、じゃが芋、にんじん、玉ねぎ、カリフラワー、いんげん。定番の野菜ばかり。

b しょうが、黒粒こしょうをサラダ油で炒めて香りを立たせる。

c 火の通りの遅いじゃが芋、にんじんを炒める。レッドペッパーもここで加える。

d 野菜を炒めたら小麦粉をふり入れて炒める。だまにならないようにていねいになじませる。

e 仕上げにひきたてクミンパウダーを入れ、クミンの香りを利かせる。

ミックス野菜のココナッツシチューカレー

材料（4人分）
じゃが芋 —— 2個（200〜250g）
にんじん —— 小1本（150g）
玉ねぎ —— 大1個（250g）
カリフラワー —— ¼個（150g）
いんげん —— 8本
しょうが —— 1かけ
黒粒こしょう —— 8粒
レッドペッパー —— 小さじ¼
小麦粉 —— 小さじ2
牛乳 —— カップ½
水 —— カップ1½
ココナッツミルク —— 80mℓ
塩 —— 小さじ1
ひきたてクミンパウダー —— 小さじ1
サラダ油 —— 大さじ2
※ひきたてクミンパウダー…p.7参照

1 じゃが芋は皮をむいて1.5cm角に切り、かためにゆでる。にんじんは3cm長さの棒状に切る。玉ねぎは縦半分に切ってから繊維に直角に5mm幅に切る。カリフラワーは小房に分け、いんげんは3cm長さに切る（写真**a**）。しょうがはせん切りにする。

2 鍋にサラダ油、しょうが、黒粒こしょうを入れて弱火で炒め（写真**b**）、1分ほどたって香りが出てきたら、じゃが芋、にんじん、レッドペッパーを順に加えて5分炒める（写真**c**）。玉ねぎ、カリフラワー、いんげんを加え、さらに5分炒める。

3 小麦粉をふり入れてなじませ（写真**d**）、牛乳と分量の水を注ぎ入れる。煮立ったら弱火にしてしばらく煮、野菜が柔らかくなったらココナッツミルクと塩を加えて軽く煮立て、火を止める。

4 仕上げにひきたてクミンパウダーをふり入れる（写真**e**）。

ゴーヤのトマトクリームカレー

材料(4人分)
- ゴーヤ —— 小1本
- ペーストA
  - 玉ねぎ —— 1個(200g)
  - にんにく —— 1かけ
  - ターメリック —— 小さじ½
  - 塩 —— 小さじ1
- ペーストB
  - トマト —— 大1個(300g)
  - しょうが —— 1かけ
- サラダ油 —— 適量
- コリアンダーパウダー —— 小さじ1強
- 水 —— カップ1
- 生クリーム —— カップ¼
- ターメリック —— 小さじ⅔
- 塩 —— 小さじ1
- タルカ用
  - サラダ油 —— 大さじ1½
  - クミンシード —— 小さじ½
  - 赤唐辛子の小口切り —— 2本分
- ガラムマサラ —— 小さじ½

※タルカ…スパイスの香りが移った油を、アツアツのうちに料理に加えること

種 もわたもつけたままゴーヤを焼くのがインド式。カリカリッとした種は、やみつきになる香ばしさです。ゴーヤの苦みを和らげる工夫として、塩をまぶして電子レンジで加熱します。こうするとグッと食べやすくなります。仕上げに入れる赤唐辛子で、ビビッドな辛さをプラスします。

a ペーストA(下)は玉ねぎ、にんにく、ターメリック、塩。ペーストB(上)はトマト、しょうが。

b ペーストAを煮詰め、ペーストBを水分がとぶまで炒めたら、コリアンダーパウダーを加える。

c ゴーヤはポリ袋に入れてターメリックと塩を加えてふり混ぜると、きれいに混ざる。

d 赤唐辛子でビビッドな辛さが加わり、大人の味に仕上がる。

1. ゴーヤは表面のいぼをピーラーで薄くそぎ、塩小さじ1(分量外)をすり込む。ラップをして電子レンジで約1分加熱し、そのまま15分ほどおく。
2. ペーストAとBはそれぞれフードプロセッサーで攪拌してペースト状にする(写真a)。
3. 鍋にサラダ油大さじ2を熱してペーストAを入れ、半量になるまで20分ほど煮詰める。ペーストBを加え、焦がさないように注意して水分がとぶまで炒める。
4. 3にコリアンダーパウダーを加えて約1分炒め(写真b)、分量の水を加え、煮立ったらふたをして弱火で5分煮る。生クリームを加え、再び煮立ったら火を止める。
5. 1のゴーヤを5mm厚さの輪切りにし、熱湯で30秒ほどゆがいてざるに上げ、熱いうちにターメリックと塩をまぶす(写真c)。サラダ油大さじ2を熱したフライパンで両面をこんがりと焼く。
6. 器に4のカレーソースを盛り、5のゴーヤをのせる。
7. タルカをする。フライパンにサラダ油を熱してクミンシードを入れ、パチパチとはじけて香りが出てきたら赤唐辛子を加え、すぐにアツアツを油ごと6にかける(写真d)。仕上げにガラムマサラをふる。

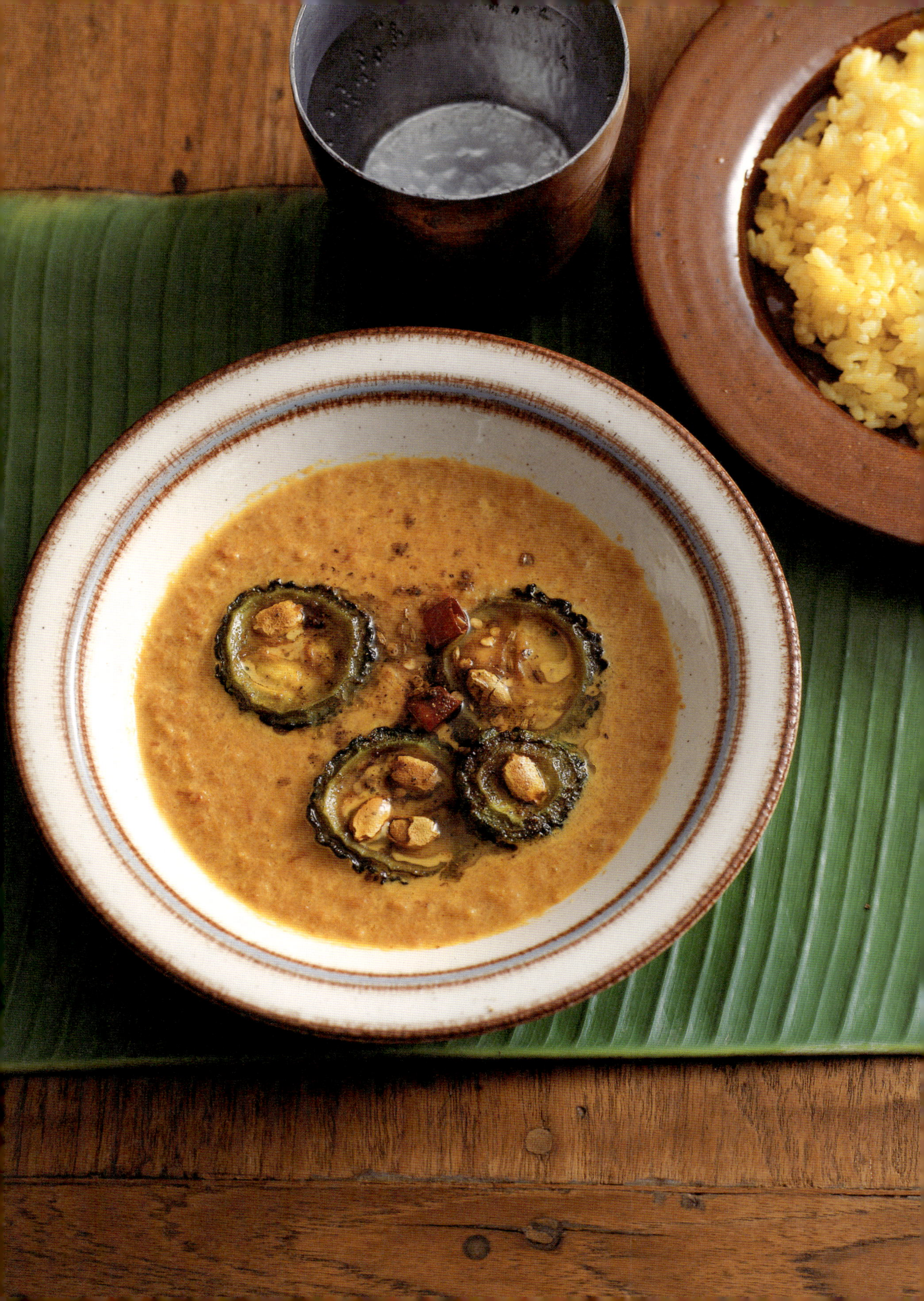

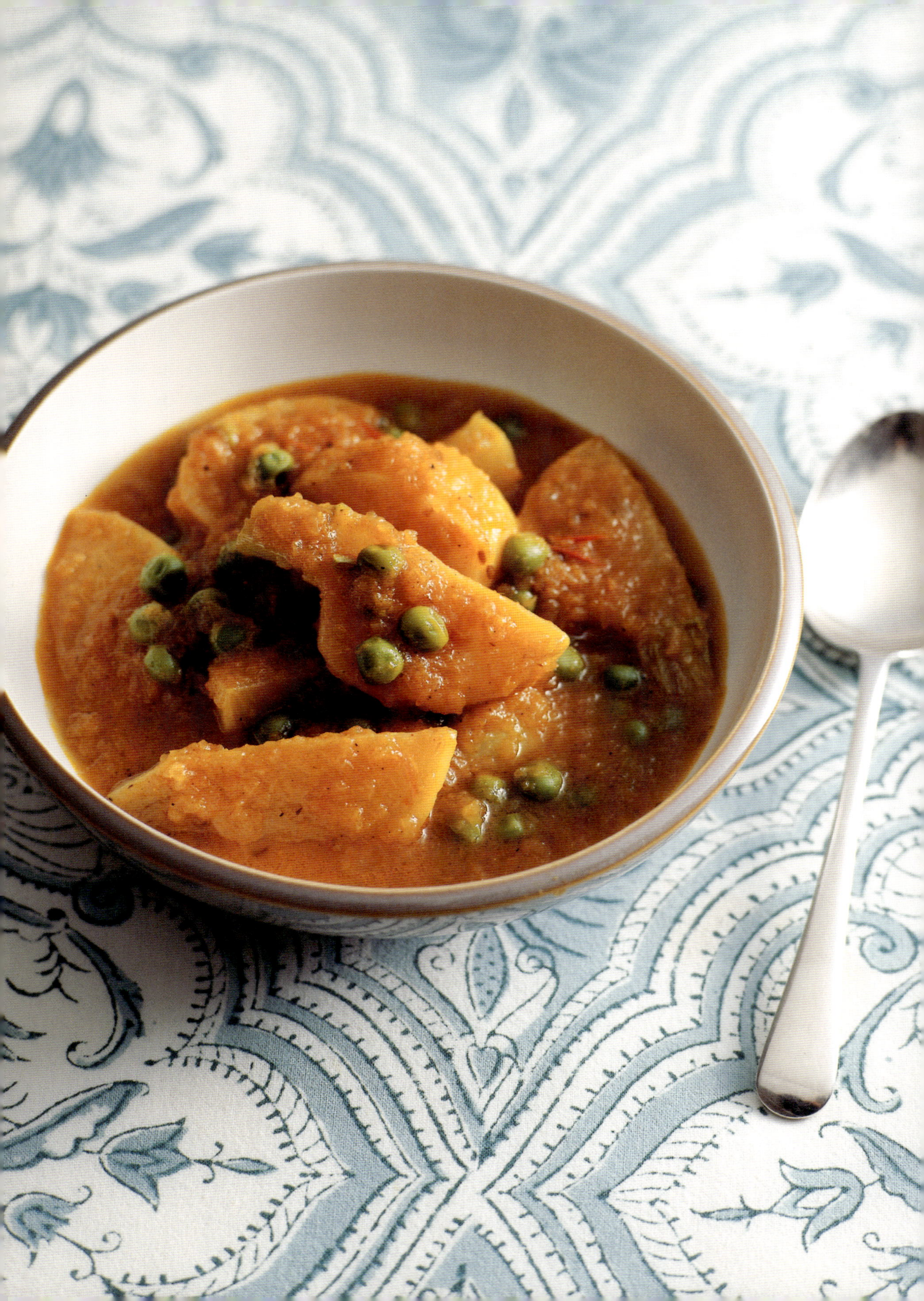

か ぶやうり、大根など柔らかく煮える野菜のカレーレシピ。冬は体にやさしいかぶ、夏は体の毒素を出すといわれているとうがんで作るのがおすすめです。ポイントは、煮立たせすぎず、弱い火加減でゆっくりと煮ていくこと。インドでは、体が弱っているときや病後に、インド式おかゆのキチュリー（p.68 参照）と組み合わせていただくことも。

かぶのカレー
ラセーダール シャルガム

材料（4人分）
- かぶ —— 4個
- 玉ねぎ —— 1½個（300g）
- しょうが —— 1かけ
- トマト —— 小1個（150g）
- グリンピース（冷凍）—— カップ⅔
- サラダ油 —— 大さじ2⅔
- クミンシード —— 小さじ⅔
- 調合スパイス
  - ターメリック —— 小さじ1
  - レッドペッパー —— 小さじ¼
- 塩 —— 小さじ1
- 水 —— カップ1½〜2
- ガラムマサラ —— 小さじ⅓

1. かぶは茎のまわりのみ皮をむき、茎を1cmほど残して6等分のくし形に切る（写真a）。玉ねぎはみじん切りにし、しょうがはすりおろす。トマトは小さめのざく切りにする。
2. 調合スパイスの材料はよく混ぜておく。
3. 鍋にサラダ油を熱し、クミンシードを3〜4粒落としてみて、シューッと泡が出てきたら残りのクミンシードを入れ、パチパチとはじけて香りが出てきたら玉ねぎとしょうがを加えて炒める。玉ねぎがしっかり色づいたらトマトを加え（写真b）、トマトが煮くずれるまで炒める。
4. 3をフードプロセッサーまたはミキサーに入れて攪拌し、ペースト状にする（写真c）。
5. 4を鍋に戻して火にかけ、2をふり入れて1〜2分炒め（写真d）、かぶとグリンピースを加えて炒め合わせる（写真e）。塩を加え、かぶが半分かくれるくらいまで水を注ぎ、煮立ったらふたをして弱火で20分ほど煮る。
6. 仕上げにガラムマサラを加えてなじませる。

a かぶは茎のまわりの皮をむき、くし形に切る。これで茎のまわりも均一に火が通り、煮くずれしにくい。

b 玉ねぎがしっかりと色づいたらトマトを加え、煮くずれるまで炒める。

c トマトが煮くずれたら、フードプロセッサーに移して攪拌し、ペースト状にする。

d ペーストを鍋に戻し、調合スパイスをふり入れてさらに炒め、カレーソースを作る。

e かぶとグリンピースを加えたら、ペーストをからめるようにして炒め合わせる。

ひよこ豆のカレー
チョーレー チャナ

a ひよこ豆は梅干しと紅茶で煮て、紅茶のティーバッグはとり除く。

b 紅茶で煮たひよこ豆は、ざるに上げて汁をきって使う。

イ ンド北西部パンジャーブ州の名物料理で、色と風味のために紅茶で豆を煮るのがポイント。インドではアムラーという酸味のある果実の乾物を一緒に煮ますが、日本では梅干しを使うのがベストです。生の玉ねぎと香菜を添えて混ぜながら食べるのがインド風。また、ひよこ豆はおなかにガスが溜まりやすいので、消化を促進させるしょうがやこしょうを一緒にとります。

c しょうがとにんにくを加えて、玉ねぎがあめ色になるまでさらに炒める。

d 調合スパイスをふり入れ、炒めながらなじませる。

ひよこ豆（チャナ）は水煮缶を用いると便利。缶汁をきって使う。

材料（4人分）
- ひよこ豆（水煮缶またはゆでたもの） —— 240g
- 梅干し —— 1個
- 玉ねぎ —— 大2個（500g）
- しょうが、にんにく —— 各2かけ
- トマト —— 大1個（300g）
- 紅茶（ティーバッグ） —— 1個
- サラダ油 —— 大さじ4
- クミンシード —— 大さじ1
- 調合スパイス
  - コリアンダーパウダー —— 小さじ3
  - レッドペッパー —— 小さじ2/3
- 塩 —— 小さじ1½
- 紫玉ねぎまたは玉ねぎの薄い輪切り、香菜のざく切り、しょうがのせん切り —— 各適量
- 粗びき黒こしょう —— 適量

1 ひよこ豆はざるに上げる。梅干しは種をとってつぶす。玉ねぎはみじん切りにし、しょうがとにんにくはすりおろす。トマトはざく切りにする。

2 ひよこ豆、梅干し、紅茶のティーバッグを鍋に入れ、ひたひたの水を加えて火にかけ、10分ほど煮る。ティーバッグは引き上げ（写真**a**）、豆はざるに上げる（写真**b**）。

3 調合スパイスの材料はよく混ぜておく。

4 鍋にサラダ油を熱し、クミンシードを3〜4粒落としてみて、シューッと泡が出てきたら残りのクミンシードを入れ、パチパチとはじけて香りが出てきたら玉ねぎを加えて炒める。玉ねぎが色づいたら、しょうが、にんにくを加え、玉ねぎがあめ色になるまでさらに炒める（写真**c**）。

5 3をふり入れて1分ほど炒め（写真**d**）、2のひよこ豆、トマト、塩を加え、トマトが煮くずれるまで煮る。

6 器に盛り、紫玉ねぎ、香菜、しょうがをのせ、こしょうをふる。

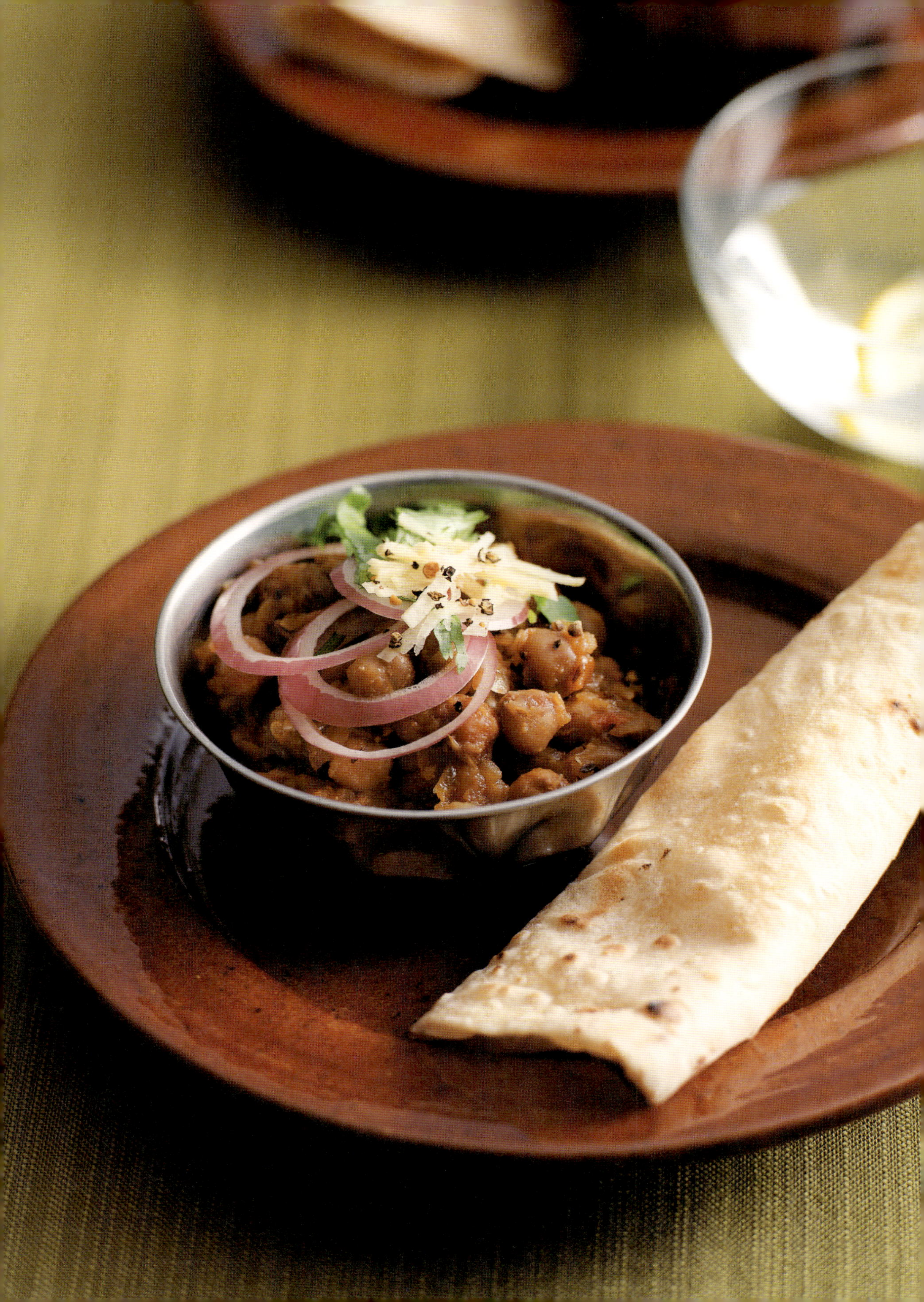

ダール

　インドで6億人以上いるといわれているベジタリアンの、大切なたんぱく源がダールです。ダールというのは元来は豆という意味ですが、皮をむいてひき割り状態に豆を加工する技術が広まってからは、転じてひき割りの豆という意味にも、また、それを煮た料理の名前にも使われます。

　ダールは日本の献立でいえば、ご飯に添えられるみそ汁のような存在。そこに別のおかずやメインディッシュがつきますが、ご飯とダールだけでもシンプルな食事は成立し、インドのお母さんはほぼ毎日ダールを作ります。ここでは、スープ状のさらっとしたタイプ、ぽってりとしたタイプ、野菜と合わせたタイプを紹介します。

シンプルダール
作り方は次ページ

シンプルダール
ムーング キ ダール

どんなカレーに合わせてもマッチする万能レシピ。ここではアーユルヴェーダ（インドの伝統的医学・健康法）的に一番消化がよく、すべての体質の人におすすめの緑豆（ムングダール）を使ったものを紹介します。ほかの豆を使っても同様に作れます。

材料（4人分）
緑豆（皮なし・ひき割り）── カップ1
　ターメリック ── 小さじ⅔
　水 ── カップ3½
　サラダ油 ── 少々
玉ねぎ ── ⅓個（60～70g）
にんにく、しょうが ── 各½かけ
サラダ油 ── 大さじ⅔
クミンシード ── 小さじ⅔
塩 ── 小さじ1½
砂糖 ── 1つまみ

1. 緑豆はさっと洗って鍋に入れ、ターメリックと分量の水、サラダ油を加え、緑豆が煮くずれてくるまで煮る（写真**a**）。
2. 玉ねぎは半分の長さに切ってから繊維に沿って薄切りにする。にんにくとしょうがはごく細かいみじん切りにする。
3. フライパンにサラダ油を熱し、クミンシードを3～4粒落としてみて、シューッと泡が出てきたら残りのクミンシードを入れ、パチパチとはじけて香りが出てきたら玉ねぎを加えて炒める。にんにく、しょうがを加え、玉ねぎが色づいてきたら、1の鍋に加える（写真**b**）。
4. 塩、砂糖で味を調える。

a 緑豆は煮くずれるまで煮る。水の量は好みの濃度に加減してよい。

b クミンシードの香りをつけた油で玉ねぎ、にんにく、しょうがを炒めたら、鍋に加える。

ミックスダール

3種類の豆をミックスした欲張りなダール。汁けをあまり残さずぽってりと仕上げ、豆本来の味を楽しみます。チャパーティーやプーリーはもちろん、トーストにのせてもおいしくいただけます。おなかにガスが溜まらないように、しょうがやこしょうを一緒に食べるようにします。

ダールに使う基本の豆は3種。左から、トゥール豆（トゥールダール）、レンズ豆（マスールダール）、緑豆（ムーングダール）。

材料（4人分）
トゥール豆 ── 40g
レンズ豆（皮なし・ひき割り）── 40g
緑豆（皮なし・ひき割り）── 40g
ターメリック ── 小さじ⅓
玉ねぎ ── ½個（100g）
サラダ油 ── 大さじ2
クミンシード ── 小さじ⅔
塩 ── 小さじ1
香菜（シャンツァイ）の粗みじん切り ── 適量
しょうがのせん切り ── 1かけ分
ギー ── 小さじ1～2
※ギー … p.12参照

1 トゥール豆はさっと洗って半日水につける。レンズ豆はさっと洗って30分水につける。それぞれざるに上げて水けをきる。緑豆はさっと洗うだけでよい（写真 a）。

2 鍋に1の豆を入れ、豆の倍量の水とターメリックを加えて火にかける。水が減ってきたら少しずつ水を足しながら（写真 b）、柔らかくなるまで煮る。

3 玉ねぎは半分の長さに切ってから繊維に沿って薄切りにする。

4 別鍋にサラダ油を熱し、クミンシードを3〜4粒落としてみて、シューッと泡が出てきたら残りのクミンシードを入れ、パチパチとはじけて香りが出てきたら玉ねぎを加えて炒める。

5 玉ねぎが色づいてきたら、2を加えて混ぜる。塩で味を調える。

6 器に盛り、香菜としょうがを混ぜてのせる。仕上げにギーを溶かしてかける。

a トゥール豆は半日ほど水につけ、レンズ豆は30分水につける。緑豆はさっと洗うだけ。3種類の豆がそろわなかったら、2種類でもOK。

b 常にひたひたの水分量になるよう、水を足しながら、3つの豆が柔らかくなるまで煮る。

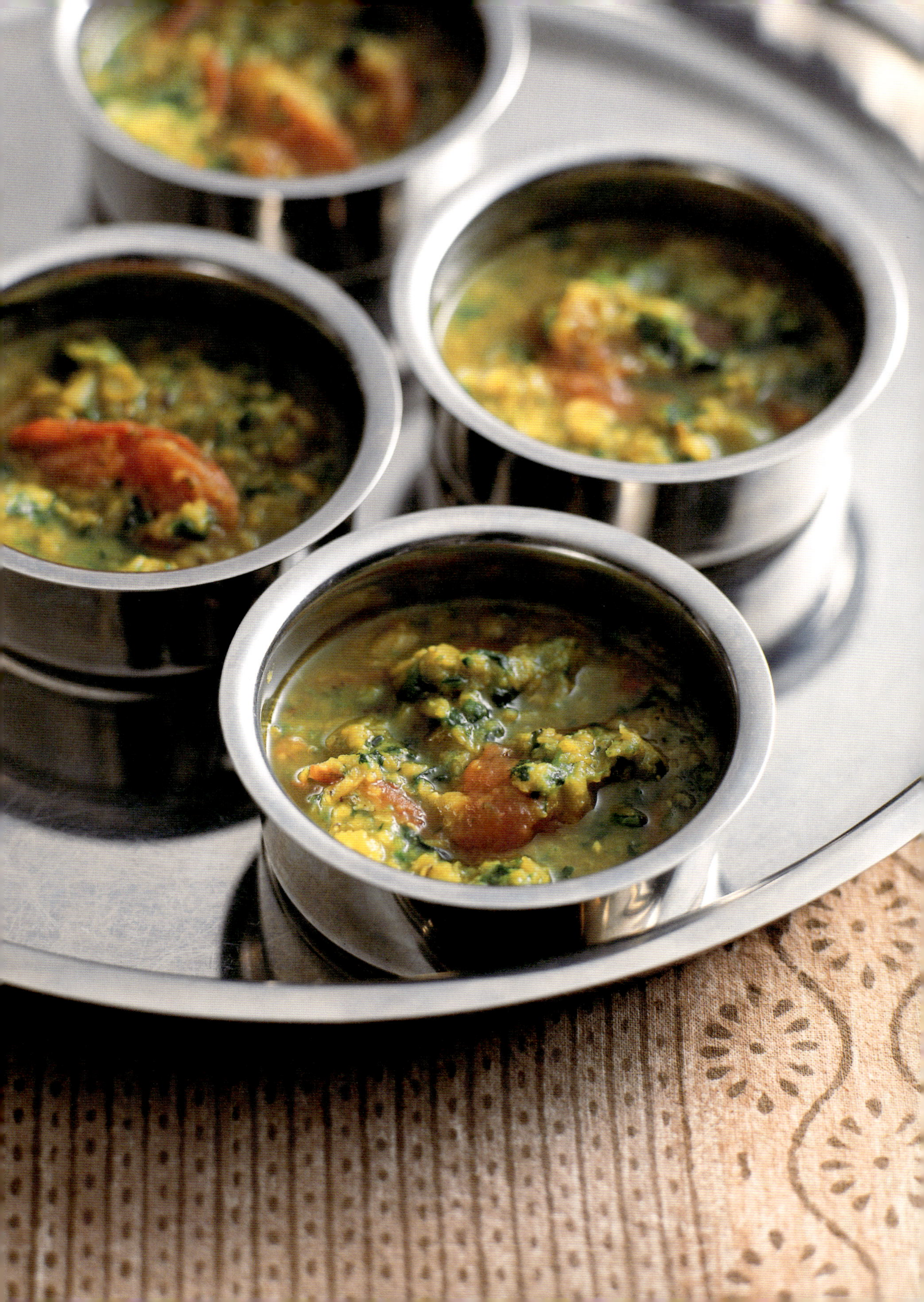

a　レンズ豆は、指でつぶれるくらいに柔らかくゆでる。

b　ほうれんそうは、茎がクタクタになるくらいまで蒸し煮にする。

c　蒸し煮にして細かく刻んだほうれんそうを、レンズ豆をゆでた鍋に加える。

d　クミンシードとともに炒めたトマトを加える。トマトを入れると深みのある味になる。

消化に重くないレンズ豆（マスールダール）とほうれんそうを組み合わせた、緑色がきれいな一品。ほうれんそうは重曹を入れて蒸し煮にすると、色鮮やかに仕上がります。ただし重曹の味が残るので、そのあとよく洗ってから入れます。仕上げにギーを加えると味がまとまっておいしさ倍増！

ほうれんそう入りダール
パーラク キ ダール

材料（4人分）
レンズ豆（皮なし・ひき割り） —— カップ⅔
レンズ豆用
　水 —— カップ3
　ターメリック —— 小さじ⅔
　サラダ油 —— 小さじ1
ほうれんそう —— ½束（100g）
ほうれんそう用
　水 —— カップ½
　ターメリック —— 小さじ½
　重曹 —— 小さじ½
トマト —— 1個（200g）
サラダ油 —— 大さじ1
クミンシード —— 小さじ⅔
塩 —— 小さじ1½
砂糖 —— 小さじ½
クミンパウダー —— 小さじ½
粗びき黒こしょう —— 小さじ½
ギー —— 小さじ2
※ギー … p.12 参照

1　レンズ豆はさっと洗って鍋に入れ、分量の水、ターメリック、サラダ油を加え、20分ほどおく。そのあと火にかけ、柔らかくなるまでゆでる（写真a）。

2　ほうれんそうは洗って3cm長さに切り、別の鍋に入れる。水、ターメリック、重曹をよく混ぜて加え、ふたをして柔らかくなるまで蒸し煮にする（写真b）。水で洗って軽く水けをきり、包丁で細かく刻む。

3　1の鍋に2のほうれんそうを加えて火にかけ（写真c）、温める。

4　トマトは薄いくし形に切る。

5　フライパンにサラダ油を熱してクミンシードを入れ、パチパチとはじけて香りが出てきたらトマトを加えて炒める。トマトがくずれはじめたら3の鍋に加え（写真d）、塩、砂糖、クミンパウダー、こしょうで味を調える。仕上げにギーを加えて混ぜる。

大根入りダール
ムーリー キ ダール

材料（4人分）
緑豆（皮なし・ひき割り）——カップ1
　水 —— カップ3
大根 —— 15cm
しょうが —— ½かけ
青唐辛子 —— 1本
ターメリック —— 小さじ½
塩 —— 小さじ2
ギー —— 大さじ1
クミンシード —— 小さじ½
レッドペッパー —— 小さじ¼
ガラムマサラ —— 小さじ¼
粗びき黒こしょう —— 小さじ¼
香菜（シャンツァイ）のざく切り —— 適量
※ギー … p.12 参照

1 緑豆はさっと洗って鍋に入れ、分量の水を加え、20〜30分つける。
2 大根は1cm角に切る。しょうがはすりおろす。青唐辛子は薄い小口切りにする。
3 1の鍋に大根、ターメリック、塩を加えて火にかけ（写真a）、緑豆と大根が柔らかくなるまで煮る。水が少なくなったらそのつど足し、濃度を調節する（写真b）。
4 フライパンにギーを熱し、クミンシードを3〜4粒落としてみて、シューッと泡が出てきたら残りのクミンシードを入れる。パチパチとはじけて香りが出てきたら青唐辛子、しょうが、レッドペッパーを加えてさっと混ぜ、すぐに3の鍋に油ごと加える（写真c）。
5 ガラムマサラとこしょうをふり入れ、香菜を加えて、全体に混ぜる。

消化によい緑豆と消化を促進する大根との組み合わせ。胃が疲れているときにおすすめです。大根を小さめに切って豆の煮汁をしみ込ませるのが、おいしさのポイント。青唐辛子がなかったら、しし唐で代用できます。

a　緑豆と大根を煮はじめる。ターメリックも加えて色と香り、薬効などをプラス。

b　煮ていく途中で水を適量足し、好みの濃度に調節してもよい。

c　ギーでクミンシード、青唐辛子、しょうが、レッドペッパーを炒めて香りを立たせ、これを仕上げに加える。

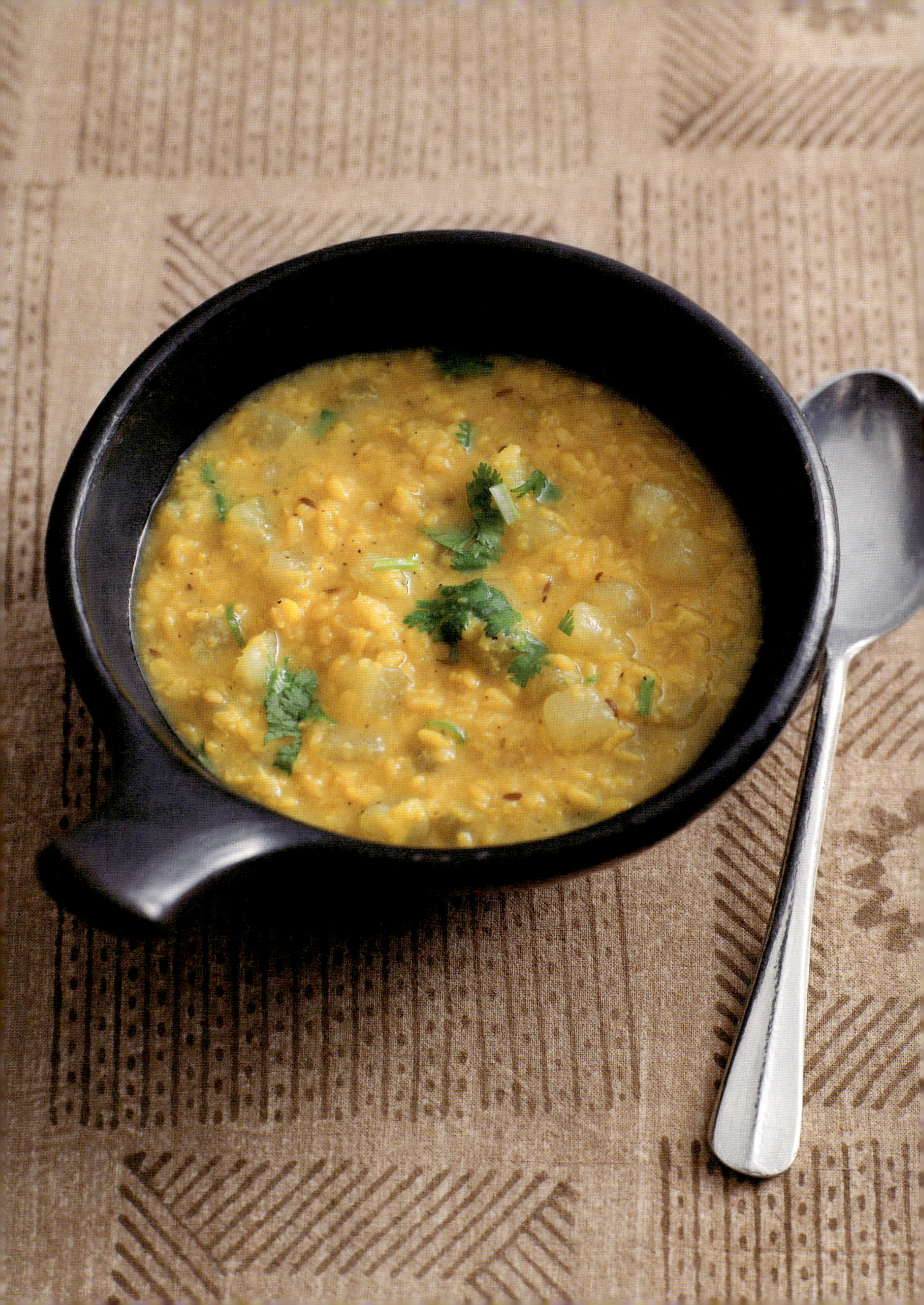

ご飯
＆
チャパーティー

　サブジやカレー、ダールに欠かせないのが米。プレーンな白いご飯だけでなく、スパイスを入れて炊き上げたものも人気です。スパイスを入れることによって、おいしさだけでなく体が温まって代謝が上がり、体にもよいからです。ここでは、インドでポピュラーなインディカ米を使ったボイルドライスのレシピも紹介します。
　また、米と並んで欠かせないのが麦。胚芽やふすまが入った全粒粉で作るチャパーティーは、北インドの主食です。ここではスパイスを入れないプレーンなものを紹介します。

クミンライス
作り方は次ページ

ターメリックライス
作り方は次ページ

クミンライス
ジーレー ワーレー チャーワル

最も簡単に炊けてどんなカレーにもマッチするスパイス入りのご飯。クミンが消化によいので、このご飯をベースにした食事は体にもよく、夕食におすすめです。ポイントはタルカ。クミンシードの香りがしっかりと出るまで火にかけ、かつ、焦がさないようにすること。

香ばしいクミンシードをアツアツのうちに油ごと、水加減した米に加える。

材料(3合分)
米 —— 3合
水 —— 適量
タルカ用
　サラダ油 —— 大さじ1強
　クミンシード —— 小さじ1強
塩 —— 小さじ1

※タルカ…スパイスの香りが移った油を、アツアツのうちに料理に加えること

1. 米はといで炊飯器に入れ、3の目盛りまで水を入れる。
2. タルカをする。フライパンにサラダ油を熱し、クミンシードを入れる。パチパチとはじけて香りが出てきたら、1に油ごと加える（写真）。
3. 2に塩を加えて軽く混ぜ、普通に炊く。炊き上がったら、さっくりと混ぜる。

※インディカ米を炊飯器で炊く場合は、品種により水分量は米の1.5〜2倍にする

ターメリックライス
ハルディー ケ チャーワル

ターメリックと黒粒こしょうを入れて炊く、黄色い色が目に鮮やかなご飯。ターメリックの色素は油溶性なので、少量のサラダ油を足して炊くとムラになりません。黒粒こしょうは米とよく一緒に炊かれるスパイスで、おなかをすっきりさせてくれます。

全体に軽く混ぜてから炊く。顆粒スープの素は好みのものでよい。

材料(3合分)
米 —— 3合
水 —— 適量
ターメリック —— 小さじ½
レッドペッパー —— 1つまみ
黒粒こしょう —— 12粒
顆粒スープの素 —— 6g
塩 —— 小さじ½
サラダ油 —— 小さじ1

1. 米はといで炊飯器に入れ、3の目盛りまで水を入れる。
2. 1にターメリック、レッドペッパー、こしょう、顆粒スープの素、塩、サラダ油を加えて軽く混ぜ（写真）、普通に炊く。炊き上がったら、さっくりと混ぜる。

材料（3合分）
米 —— 3合
水 —— 適量
緑豆（皮つき）—— 50g
ギー —— 大さじ1
クミンシード —— 小さじ⅔
しょうがのみじん切り —— ½かけ分
塩 —— 小さじ1½
※ギー…p.12 参照

緑豆の炊き込みご飯
ムーング ブラウ

皮つきの緑豆を炊き込んだインド式豆ご飯。緑豆の皮は健康によいといわれていて、ここではあえて皮つきのものを使います。プチッとはじけた皮の食感、かすかなギーの香りが特徴です。カレーをかけてもよいし、そのまま普段の食卓にも。

1. 米はといで炊飯器に入れ、3の目盛りよりほんの少し多めに水加減する。
2. 緑豆はさっと洗い、鍋に水カップ1とともに入れて10分ほどつけておき、5〜6分下ゆでする（写真a）。ざるに上げて水けをきり、1に加えてざっと混ぜる。
3. フライパンにギーを熱してクミンシードを入れ、パチパチとはじけて香りが出てきたらしょうがを加える。しょうがの香りが出たら炊飯器に加えて一混ぜする（写真b）。
4. 3に塩を加えて軽く混ぜ、普通に炊く。
5. 炊き上がったら、さっくりと混ぜる。

a 緑豆は皮つきのものを使うので、下ゆでしてから炊き込む。

b しょうがの香りが出たら、クミンシードが焦げる前にすぐに炊飯器に入れる。

材料（4人分）
米 —— カップ⅔
緑豆（皮なし・ひき割り）—— 大さじ2
水 —— カップ4
ターメリック —— 小さじ½
サラダ油 —— 小さじ1
タルカ用
┌ クミンシード —— 小さじ½
│ にんにくのみじん切り —— 小さじ½
│ しょうがのみじん切り —— 小さじ1
└ サラダ油 —— 大さじ1
レッドペッパー —— 2つまみ
塩 —— 小さじ1

※タルカ … スパイスの香りが移った油を、アツアツのうちに料理に加えること

サラダ油にクミンシード、にんにくのみじん切り、しょうがのみじん切りを入れて炒め、風味を引き出す。これをおかゆに入れる。

インド式おかゆ
キチュリー

米と豆を一緒に炊いて、最後にスパイスで香りをつけたおかゆ。消化がよくて体力もつくインドの知恵メニューの一つで、病気のときや養生食としてはもちろん、胃を休めるために毎週定期的に作る家庭もあります。基本的には薄味に仕上げ、カレーやチャトニー（p.78〜81参照）をかけていただきます。

1 米はとぎ、緑豆はさっと洗う。鍋に合わせ、分量の水を加えて30分つける。
2 1の鍋にターメリックとサラダ油を加えて火にかけ、煮立ったら弱火にし、米と緑豆が柔らかくなるまで20分ほど煮る。
3 タルカをする。フライパンにサラダ油を熱してクミンシードを入れ、パチパチとはじけて色づいてきたら、にんにく、しょうがを加えて炒める（写真）。香りが出てきたら2の鍋に入れる。
4 レッドペッパーと塩を加えて味を調える。とろりとしているおかゆにレッドペッパーを入れるとダマになることがあるので、小さじ1程度の水（分量外）で溶いてから入れるとよい。

インド料理のベーシック
湯とり法で炊く バスマティーライス

材料（4〜5人分）
バスマティーライス —— カップ2
ギー（あれば）—— 小さじ1
※ギー … p.12参照

東南アジアからインド亜大陸で米を炊くときは、この「湯とり法」が一般的。パスタをゆでるのと同じように米をゆで、ゆで汁をこぼして米の粘りけをとるので、さらりとした仕上がりになります。ここではインディカ米の高級品種・バスマティーライスを使って紹介。ゆでるときにポップコーンのようなよい香りがするのが特徴です。もちろん、ほかのインディカ米でもOK。ゆで時間は品種によって5〜8分とさまざまなので、食べてみて加減します。

1 バスマティーライスはさっと洗い、水適量に15分ほどつける。

2 ざるに上げて水けをきる。インディカ米は炊くと長くなるので、カップ2のバスマティーライスで4〜5人分になる。

3 大きめの鍋にたっぷりの湯を沸かし、バスマティーライスを入れてゆではじめる。

4 6〜7分して少し芯が残るくらいになったら、ギーを加えて溶かしながら混ぜる。

5 1分ほどしたらざるに上げてゆで汁をきる。インドでは、このゆで汁で野菜を煮てそのままカレーに使う。

6 鍋に戻し、ふたをして5分ほど蒸らす。

インド料理のベーシック
チャパーティー

チャパーティーは全粒粉をこねて素焼きにする北インドの主食。胚芽やふすまの繊維がおなかの中をきれいにしてくれる健康的な薄焼きパンです。ベーキングパウダーなどの添加物は使わず、小麦のグルテンののびと水が蒸発するときの体積の増加を利用して、しっとりと膨らむのが特徴。焼き上がりに生地をブワッと膨らませるプルカというテクニックを覚えれば、手作りの楽しさも味わえます。

材料（10枚分）
アーター（微粉末にひいた全粒粉）── 300g
塩 ── 小さじ½
水 ── 適量（ちょうどよいかたさの生地になるように水の量を調整する）
ギー（溶かしたもの）── 適量
※ギー … p.12 参照

ここで使うのはアーターという、微粉末にひいた全粒粉。一般的な全粒粉を使ってもよいが、食感が少し変わる。

生地をこねる

1 平らなこね鉢にアーターを入れ、塩を加えて混ぜ、水を少しずつ加えて手でこねはじめる。

2 生地が湿ってきたら、次々と粉の中でちぎって細かくし、よけていく。残った乾いた粉に水を足し、ちぎる、という作業を繰り返す。

3 全体がしっとりとまとまるかたさにする。湿っている部分を一握りちぎり、その部分でこね鉢に残った粉をこすりとるように混ぜ込む。

4 一まとめにしたら、こぶしをめり込ませて生地のかたさを確認する。力を入れずに生地にこぶしがめり込み、こぶしに生地がついてこないようなら OK。

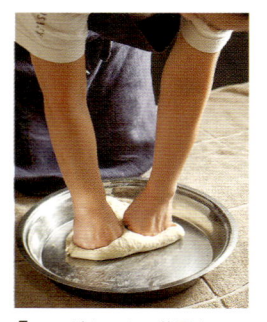

5 ひざをつき、体重をのせながらこぶしをめり込ませ、こねていく。生地が広がってきたら再度まとめ、再びこぶしでこねていく。このとき生地が手のひらの体温より冷たかったら、生地に体温を移すように握って温めてからこねる。

成形する

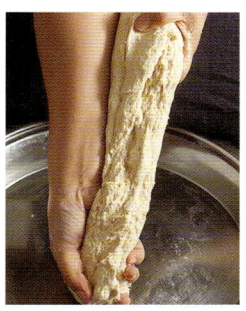

6 夏は5〜6分、冬は手水を足しながら約15分こねる。手で生地をのばしてみて、グルテンののびで生地がなかなかちぎれないようになったらこね上がり。

7 ラップでぴったりと包み、気温が高ければ10分、低ければ20分ほどねかせる。

8 生地をちぎって10等分にし、1つが50g程度にする。1つずつ丸め、乾燥しないようにラップまたはぬれ布巾をかけておく。

9 表面がなめらかになるように丸め、打ち粉（分量外）をし、両手のひらでつぶす。

焼く

10 打ち粉をしたチャクラ（のばし台）に生地をのせ、太く重いベルナ（のばし棒）で円を描くように表面を滑らせながら、直径16cmくらいに丸くのばす。縁が厚くならないように注意。

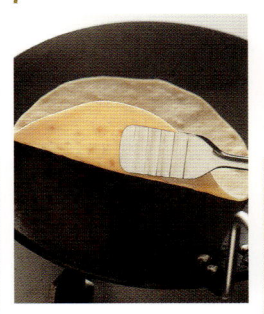

11 タワ（チャパーティー用フライパン）またはフライパンを温め、打ち粉をはたき落として生地をのせ、弱火で焼く。指の腹でときどき生地を回し、薄い焼き色がついて生地の中から気泡が出てきたら裏返す。

12 キッチンペーパーを丸くまとめたペーパーボールを作り、気泡が勢いよく出てきたらペーパーボールで膨らみを押さえ、生地の中の気泡をつなげていく。一度押さえたら気泡がつながるまで押さえたままにする。

13 タワを火からおろしてトングで生地をはさみ、強火の直火でさっとあぶる。生地内の水分が一気に蒸発し、完全に膨れたら焼き上がり。保温用容器（左ページ上写真）またはふたつきの鍋に入れ、表面に軽くギーを塗り、焼けた順に重ねて保温する。

チャパーティーの生地を揚げればプーリーになります

1 チャクラ（のばし台）にサラダ油を塗り、チャパーティーの生地をのせ、細めのベルナ（のばし棒）で直径12cmくらいに丸くのばす。

2 揚げ油を180度に熱し、1をそっと入れる。表面に生地が浮き上がってきたら穴の空いたフライ返しなどで押さえる。蒸発した空気がつながって大きく膨らむ。

3 よく膨らんだら裏返し、油をきってとり出す。もし膨らまない場合でも、焦げる前にとり出す。

スナック
&
スパイシーグリル

　紅茶の国でもあるインドでは、お茶うけやおやつに、甘いものだけでなくスパイシーなスナックをよくいただきます。ここでは、インドに旅行した日本人が大好きになるサモーサーをはじめ、スパイスを利かせたスナックメニューを紹介します。

　また、おかずとしてもおつまみとしても喜ばれる、インドならではのグリルメニューもラインナップ。チキンやシーフードなど身近な素材とスパイスを組み合わせることで奥深い味が生まれ、スパイスの力を実感できる一皿になります。人が集まるときの食卓に活躍します。

サモーサー
作り方は次ページ

サモーサー

日本でも大人気のインドスナック。生地は、材料を混ぜてまとめるだけで、ほとんどこねないから意外に簡単。中に入れる具はいろいろですが、今回使うのは、玉ねぎを炒めて混ぜる高級なタイプ。この具は、あまったらロールパンなどにはさんで食べてもよいでしょう。包み方もお好みですが、ここで紹介するのは三角の形にするインド式。手作りの生地で作るサモーサーは、この上ないおいしさです！

材料（16個分）

生地
- 強力粉 —— 200g
- 塩 —— 小さじ½
- サラダ油 —— 大さじ4
- 熱湯 —— 70〜80ml

具
- じゃが芋（ゆでて粗くつぶしたもの） —— 3個（400g）
- 玉ねぎのみじん切り —— 1個分（200g）
- しょうがのみじん切り —— 1かけ分
- グリンピース（冷凍） —— カップ½
- サラダ油 —— カップ⅓
- クミンシード —— 小さじ1
- ターメリック —— 小さじ½

調合スパイス
- レッドペッパー —— 小さじ⅓
- ガラムマサラ —— 小さじ1
- 塩 —— 小さじ1

揚げ油 —— 適量
トマトチャトニー —— 好みで適量

※トマトチャトニー … p.81 参照

生地を作る

1 平らなこね鉢に強力粉と塩を入れて混ぜ、サラダ油をたらし、混ぜはじめる。

2 全体にポロポロとした感じになるまで混ぜ、熱湯を加減しながら加えてさらに混ぜる。

3 一まとめにする。しっとりとした感じではなく、ボロッと割れてくるような感じでよい。

4 ラップでぴったりと包み、室温で30分ほどねかせる。

| 具を作る | | | 成形する |

5 鍋にサラダ油を熱してクミンシードを入れ、パチパチとはじけて香りが出てきたら、玉ねぎとしょうがを加えて炒め、2〜3分したらターメリックを加える。

6 玉ねぎが色づいたら、つぶしておいたじゃが芋とグリンピースを加えて混ぜる。

7 調合スパイスの材料を混ぜ合わせて**6**にふり入れ、よく混ぜてなじませる。

8 **4**の生地をちぎって8等分にし、1つずつ丸める。チャクラ（のばし台）にのせ、長さ18cm程度の楕円形にのばす。

9 タオルなどの上に移し、縦半分に切る。

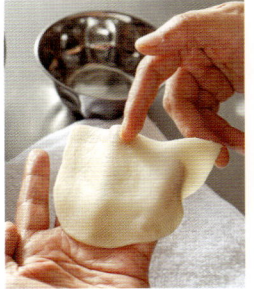

10 生地の直線部分の半分だけに水少々をつけ、水をつけた部分が外側になるように三角錐の形にする。

11 中に具が詰められるように指でしっかりとくっつける。

12 三角錐の形をくずさないようにして具を詰める。

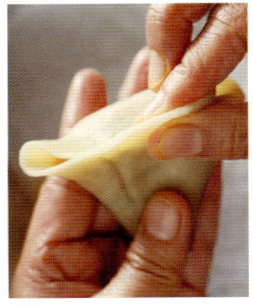

13 生地の縁に水をつけ、生地を引っぱりながら具を包み込む。

14 つなぎ目をしっかりととめて形を整え、タオルなどの上に並べる。

15 揚げ油を低温（170度くらい）に熱し、**14**を入れ、揚げていく。

16 ときどき返しながら、軽く色づくまで揚げる。好みでトマトチャトニーを添える。

材料(4個分)
ゆで卵(かたゆで) —— 4個
　ターメリック —— 小さじ⅔
　水 —— 小さじ1
玉ねぎのすりおろし —— 大さじ2
にんにくのすりおろし —— 小さじ⅓
しょうがのすりおろし —— 小さじ1
塩 —— 小さじ⅔
サラダ油 —— 適量
赤唐辛子のみじん切り(種を除く)
　—— 1本分
プレーンヨーグルト —— 大さじ1
コリアンダーシード
　(粗くつぶしたもの) —— 大さじ1
香菜(シャンツァイ)の粗みじん切り —— 大さじ1

ゆで卵のスパイス焼き
マサーレーダール アンダー

いろいろなタイプの味つけがありますが、ここで紹介するのはコリアンダーシードと香菜の両方をまぶす香り高いタイプ。はじめにゆで卵の表面を焼くことで、味のからまりがよくなります。そのまま食べるほか、くずしてチャパーティーで包んだり、汁けのあるカレーと一緒にご飯にのせても。

1　ターメリックは分量の水で溶き、ゆで卵に塗る(写真 **a**)。

2　フライパンにサラダ油大さじ2強を熱して1を入れ、転がしながらきつね色に焼き(写真 **b**)、いったんとり出す。

3　2のフライパンにサラダ油少々を足し、玉ねぎ、にんにく、しょうが、塩を入れ、玉ねぎが色づくまで炒める。

4　ゆで卵を戻し入れ、赤唐辛子とヨーグルトを加えてからめるようにして炒め、コリアンダーシードを加えてさらに炒める。仕上げに香菜を加えて混ぜる。

a　ターメリックを水で溶き、ゆで卵に塗る。まぶすようにしっかりと。

b　卵を転がしながら表面を焼く。油がはねるときは、ふたで油をよけながら焼くとよい。

オニオンリングのパコーラー
ピャージ カ パコーラー

材料（4人分）
玉ねぎ —— 小1½個
衣
├ ベスン（ひよこ豆の粉）—— 100g
├ しょうがのすりおろし —— 小さじ2
├ **レッドペッパー** —— 1つまみ
├ 粗びき黒こしょう —— 小さじ1
├ 塩 —— 小さじ1強
└ 水 —— 90～100㎖
揚げ油 —— 適量

　ベスンというひよこ豆の粉（グラムフラワーとも言う）を使ったインド風天ぷらです。ベスンは味が濃く、グルテン含有量もちょうどよく、揚げものの衣やお菓子の材料としてインドでは一般的。豆の粉はおなかにガスが溜まりやすいので、消化促進のために衣にはしょうがを入れます。

1　玉ねぎは7㎜幅の輪切りにし、リング状にばらす。
2　衣を作る。ボウルにベスン、しょうが、レッドペッパー、こしょう、塩を入れて混ぜ、分量の水を少しずつ加えながら、ダマにならないように粘りが出るまで混ぜる（写真）。
3　揚げ油を中温（180度）に熱し、1の玉ねぎを衣にくぐらせて静かに落とし入れ、きつね色にさっくりと揚げる。衣を箸などでたたいてみて、カンカンとかたく乾いた感触なら揚げ上がり。

衣は、手で持ち上げたとき、ツー、ポタ、ポタとゆるやかに落ちるくらいの濃度がよい。

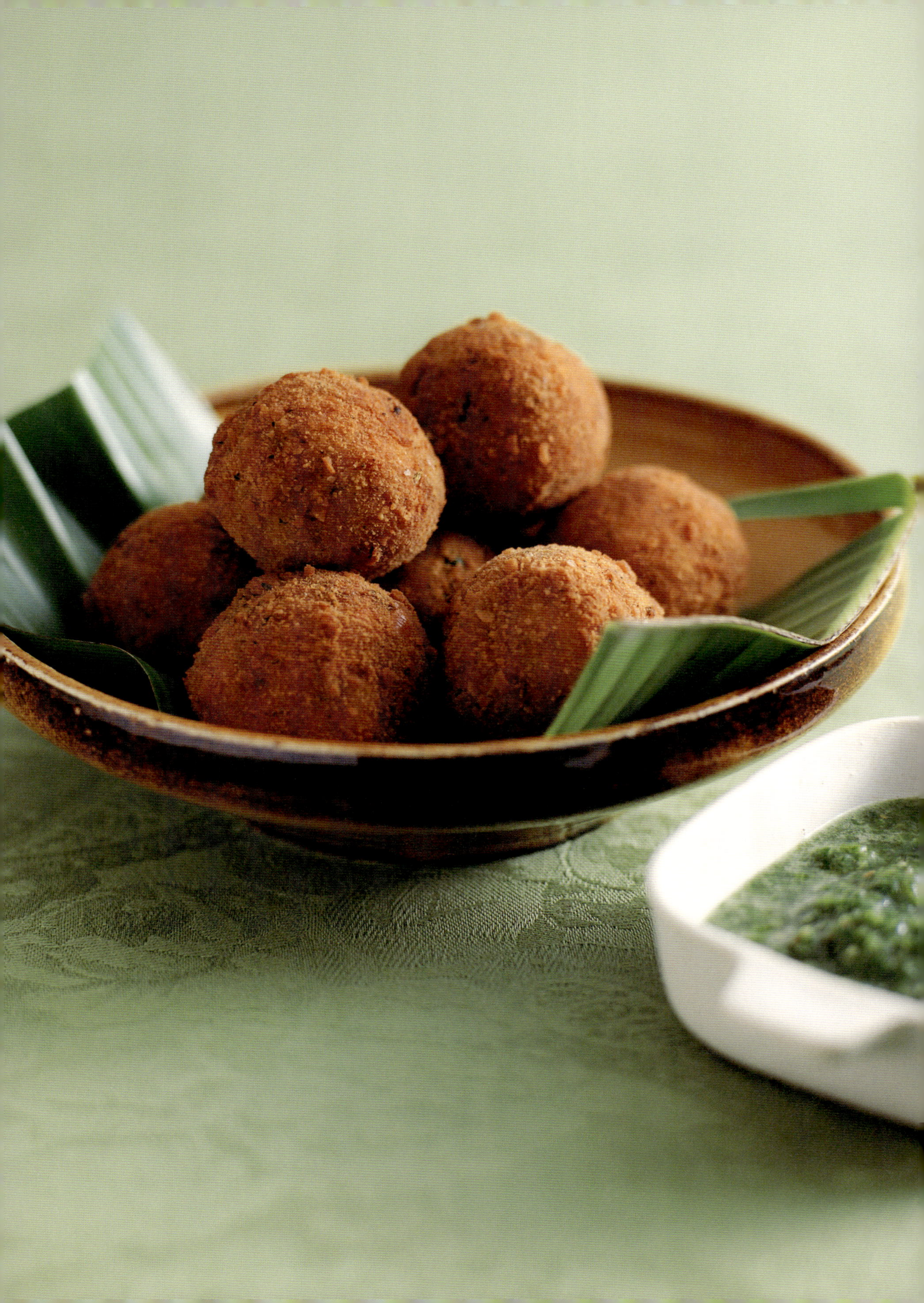

可愛いボール状に揚げたスナックを、じゃが芋とツナで手軽に作ります。衣に使うパン粉は、インドではかためのものが専用として売られていますが、日本ではその代用として乾パンを砕いて用います。一緒に紹介するハリーチャトニーは、ハリーは緑、チャトニーはディップ状のつけだれの意で、ここでは香菜を使います。サモーサーやベジカバーブなどにも合います。

フィッシュボール＆ハリーチャトニー

材料（16個分）
- じゃが芋 —— 3個（400g）
- ツナ缶 —— 120g
- 玉ねぎのみじん切り —— 1/3～1/2個分（80g）
- しょうがのみじん切り —— 1かけ分
- 青唐辛子のみじん切り（あれば）—— 1本分
- サラダ油 —— 大さじ2
- クミンシード —— 小さじ1
- カシューナッツのみじん切り —— 大さじ2
- バター —— 10g

調合スパイス
- ターメリック —— 小さじ1/2
- レッドペッパー —— 小さじ1/3
- 粗びき黒こしょう —— 小さじ1/4
- 塩 —— 小さじ1

香菜のみじん切り —— カップ1/4

衣
- 小麦粉 —— 適量
- 卵 —— 1個
- 水 —— 大さじ2
- 乾パン —— 約50g

揚げ油 —— 適量

ハリーチャトニー（作りやすい分量）
- 香菜 —— 50g
- トマト —— 1/2個（100g）
- 青唐辛子 —— 小1本
- しょうが —— 1/2かけ
- にんにく —— 1/4かけ
- レモン汁 —— 小さじ2
- クミンパウダー —— 小さじ1/3
- レッドペッパー —— 少々
- 塩 —— 小さじ2/3
- 水 —— 大さじ2・2/3

a じゃが芋ベースのたねを16等分にして丸め、フィッシュボールを作る。

b 乾パンはミキサーに入れて粉状にして、衣として使う。

c 小麦粉、卵液、乾パンの粉の順に衣をつける。これでインドの味と食感に近くなる。

1. じゃが芋は皮ごとゆでて皮をむき、ざっくりとつぶす。ツナはほぐす。
2. 調合スパイスの材料はよく混ぜておく。
3. フライパンにサラダ油を熱し、クミンシードを3～4粒落としてみて、シューッと泡が出てきたら残りのクミンシードを入れ、パチパチとはじけて香りが出てきたら玉ねぎを加えて3分ほど炒める。しょうが、青唐辛子、ツナ、2を入れてさらに炒め、じゃが芋、カシューナッツ、バターを加えて混ぜる。
4. 粗熱がとれたら香菜を加えて混ぜ、16等分にして丸める（写真a）。
5. 卵を割りほぐし、分量の水と混ぜ合わせて卵液にする。乾パンはミキサーなどにかけて粉状にする（写真b）。
6. 4に小麦粉、5の卵液、乾パンの粉の順に衣をつけ（写真c）、中温（180度）の揚げ油で揚げ、器に盛る。
7. ハリーチャトニーを作る。香菜、トマト、青唐辛子、しょうが、にんにくは粗く刻む。すべての材料をフードプロセッサーに入れて撹拌し、ペースト状にする。6のフィッシュボールに添える。

き肉をスパイシーに味つけして丸
ひ　めたり串に刺したりするカバーブは、
西インドから北西の国々の料理。これをベジタリ
アン用においしく仕上げたのが、豆を使ったベジカバー
ブです。一緒に紹介するトマトチャトニーは、煮詰めたトマト
のおいしさが万人受けするチャトニー。赤唐辛子だけでなく、こ
しょうやマスタードオイルもを加えて深みのある辛さに仕上げま
す。オムレツやフレンチフライなどにも合い、冷凍保存もできます。

ベジカバーブ&トマトチャトニー

材料（12個分）
- レンズ豆（皮なし・ひき割り）── カップ1
- にんにく、しょうが ── 各2かけ
- クミンパウダー ── 小さじ1
- 生パン粉 ── 100g
- 牛乳 ── 130ml
- 調合スパイス
  - レッドペッパー ── 小さじ½
  - ガラムマサラ ── 小さじ1
  - 塩 ── 小さじ1½
- ターメリック ── 小さじ½
- 玉ねぎの粗みじん切り ── 小1個分（150g）
- ピーマンの粗みじん切り ── 2個分
- パプリカ（赤）の粗みじん切り ── ⅔個分
- 粗びき黒こしょう ── 大さじ1
- クミンシード（から炒りしたもの）── 大さじ1
- サラダ油 ── 適量

- トマトチャトニー（作りやすい分量）
  - 完熟トマトのざく切り ── 3個分（600g）
  - クミンシード ── 小さじ1½
  - 粗びき黒こしょう ── 小さじ½
  - 赤唐辛子の小口切り ── 1本分
  - レッドペッパー ── 小さじ¼
  - 塩 ── 小さじ1強
  - マスタードオイル ── 大さじ1½

※マスタードオイル … p.12参照

a 水につけておいたレンズ豆、にんにく、しょうが、クミンパウダー、水をフードプロセッサーにかける。

b ペーストを炒め、ターメリックを加えてさらに炒め、水分をとばす。

c 野菜、牛乳に湿らせたパン粉、こしょう、クミンシードを加えてベジカバーブのたねにする。

d 多めの油で焼く。焼き色がついて香ばしくなるまで焼いたほうがおいしい。

1 レンズ豆は水適量に半日ほどつけ、ざるに上げる。フードプロセッサーに入れ、にんにく、しょうが、クミンパウダーを加え、ようやく回る程度に水を足して攪拌し、なめらかなペースト状にする（写真 **a**）。

2 生パン粉は牛乳で湿らせておく。

3 調合スパイスの材料はよく混ぜておく。

4 フライパンにサラダ油カップ¼を熱し、1のペーストを入れて炒め、ターメリックを加えて4～5分炒める（写真 **b**）。水分がとんだら3をふり入れてなじませる。

5 4に2のパン粉、玉ねぎ、ピーマン、パプリカ、こしょう、クミンシードを加えて炒め合わせる（写真 **c**）。

6 粗熱がとれたら12等分にして小判形に整える。フライパンに多めのサラダ油を熱して並べ入れ（写真 **d**）、両面をこんがりと焼き、器に盛る。

7 トマトチャトニーを作る。フライパンにマスタードオイルを熱し、クミンシードを入れる。パチパチとはじけてきたら、トマトを入れてざっと炒め、こしょう、赤唐辛子、レッドペッパーを加えて混ぜる。水少々を足し、トマトが煮くずれて濃度がつくまで煮詰め、塩で味を調える。6のベジカバーブに添える。

a 鶏肉はフォークなどで数ヵ所刺し、味がしみ込みやすいようにする。

b ボウルに鶏肉の下味の材料を入れてよく混ぜ合わせる。

c 鶏肉を入れて手でもみ、2〜3時間おいて下味をしみ込ませる。

d 網の上に並べ、オーブンで焼く。はじめは180度で焼き、次に230度に上げて香ばしく焼き上げる。

タンドゥールという窯で焼く北インドのタンドゥーリーチキンを、家庭向きにアレンジした一品。串に刺さずに、大きめのピースを網にのせてオーブンで焼き上げます。インドでは鶏の皮をとってしまうことが多いのですが、ここでは皮つきのままパリッと焼き、香ばしい皮のおいしさも味わいます。

チキンのスパイシーグリル
タンドゥーリー チキン

材料（4人分）
鶏もも肉 —— 800g
鶏肉の下味
　にんにくのすりおろし —— 1かけ分
　しょうがのすりおろし —— 1かけ分
　プレーンヨーグルト —— 70ml
　卵黄 —— 1個分
　酢 —— 小さじ2
　コーンスターチ —— 小さじ1
　サラダ油 —— 大さじ1
　クミンパウダー —— 小さじ½
　コリアンダーパウダー —— 小さじ1
　ターメリック —— 小さじ½
　レッドペッパー —— 小さじ½
　ガラムマサラ —— 小さじ2
　粗びき黒こしょう —— 小さじ½
　塩 —— 小さじ1½
　食紅（あれば） —— 少々
レモンのくし形切り —— 4切れ
紫玉ねぎの薄切り —— 適量

1 鶏肉は8等分に切り、味がしみ込みやすいようにフォークで数ヵ所刺す（写真 a）。
2 ボウルに下味の材料を入れてよく混ぜ合わせる（写真 b）。
3 2のボウルに鶏肉を入れてよくもみ込み、2〜3時間おく（写真 c）。
4 オーブンペーパーを敷いた天パンの上に網をのせ、3を並べ（写真 d）、180度のオーブンで15〜20分焼く。中まで火が通ったらオーブンの温度を230度に上げ、さらに5〜6分焼いて皮をパリッと仕上げる。
5 器に盛り、レモンと紫玉ねぎを添える。

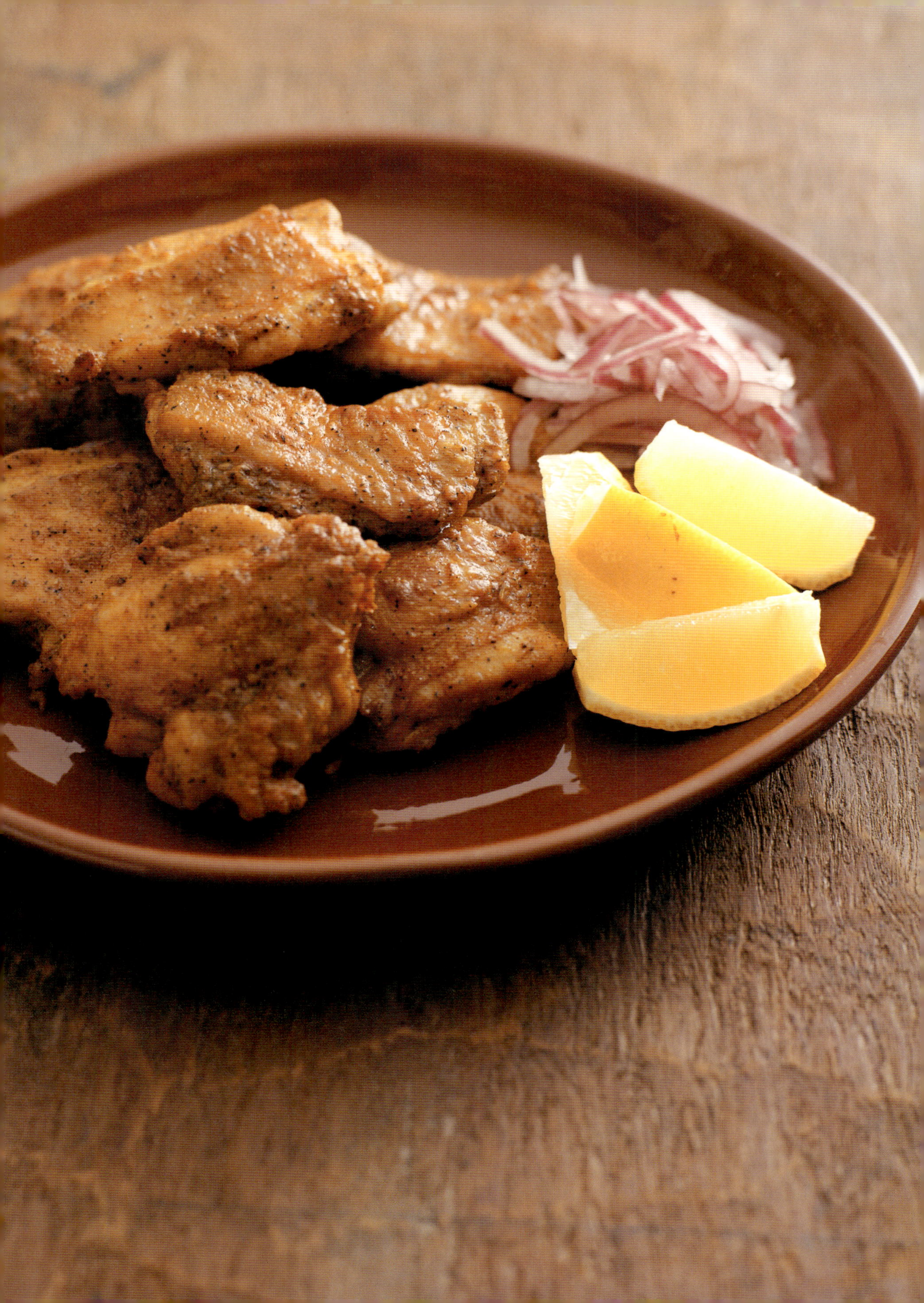

簡 単に作れておいしさは保証済み。おもてなしにも喜ばれる華やかな一皿です。西インドのマラバール海岸沿いではロブスターで作ることもありますが、ここでは日本でもおなじみの、えび、帆立て貝柱、かじきを使います。使う油はマスタードオイルがおすすめですが、ココナッツオイルやオリーブオイルで焼いても、また違ったおいしさになります。

シーフード スパイシーグリル

a えびはキッチンばさみで背に深く切り込みを入れ、背わたをとり、殻をつけたまま平らに開く。

b トマトケチャップにスパイスなどを入れてペーストを作る。上のコリアンダーシード、こしょう、香菜入りはかじき用。

c ペーストを塗った面を下にして焼きはじめる。スパイスの香りが立ち、シーフードにもなじむ。焼き色がついたら裏返す。

材料（4人分）
- えび（無頭・殻つき） —— 4尾
- 帆立て貝柱 —— 8個
- かじき —— 4切れ
- ペースト
  - トマトケチャップ —— 大さじ4
  - にんにくのすりおろし —— 1½かけ分
  - しょうがのすりおろし —— 1½かけ分
  - ターメリック —— 小さじ½
  - レッドペッパー —— 小さじ⅓
  - ガラムマサラ —— 小さじ1½
  - 塩 —— 小さじ⅔
- コリアンダーシード（から炒りしてつぶしたもの） —— 小さじ2
- 香菜のみじん切り —— 2枝分
- 粗びき黒こしょう —— 小さじ1
- マスタードオイル —— 大さじ3

※マスタードオイル … p.12 参照

1. えびはキッチンばさみで背に深く切り込みを入れて背わたをとり（写真**a**）、殻はつけたまま平らに開く。帆立て貝柱は片面に格子状の切り目を入れる。かじきは半分に切り、片面に十字に軽く切り目を入れる。

2. ペーストの材料をよく混ぜ合わせ、そのうち半量にはコリアンダーシード、香菜、こしょうを加えて混ぜる（写真**b**）。プレーンなペーストを、えびの開いた面と帆立て貝柱の切り目を入れた面に塗る。コリアンダーシードを入れたペーストを、かじきの切り目を入れた面に塗る。

3. フライパンにマスタードオイルを熱し、えびと帆立て貝柱をペーストを塗った面を下にして並べ入れ、ペーストを押さえつけるようにして焼く。焼き色がついたら裏返し（写真**c**）、香ばしく焼く。続いてかじきも同様にして焼く。

4. 器に盛り合わせる。

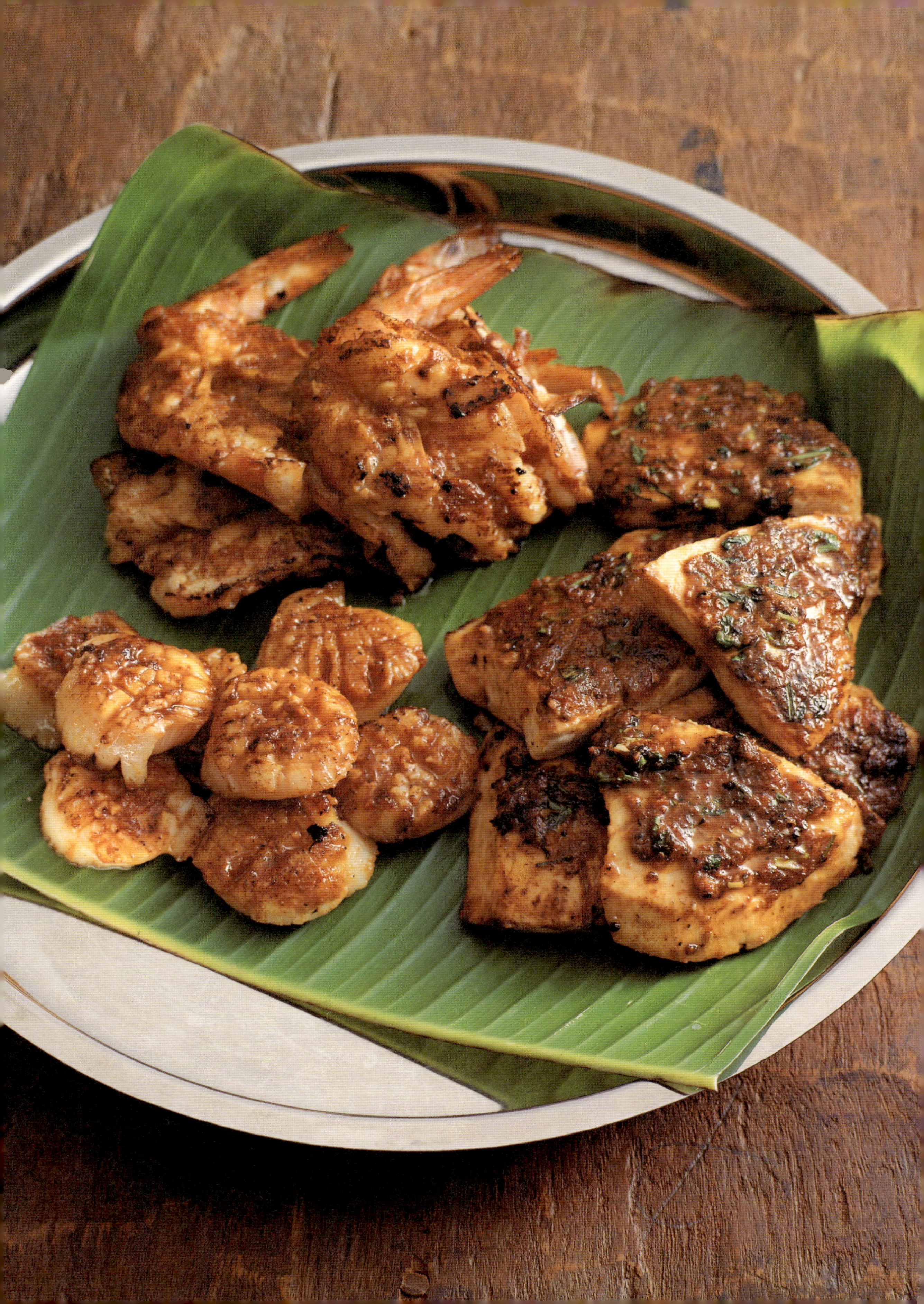

サラダ、スープ
&
ドリンク

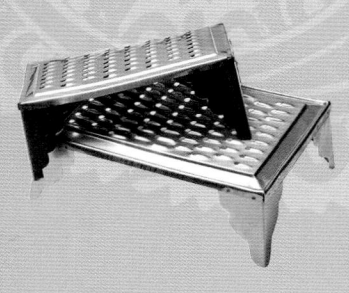

インド料理の献立を考えるうえで欠かせないのがサラダ。サラダは、辛くて味の濃い料理の合間に舌を冷やし休める役割があるので、シンプルなものが多いのが特徴です。また、ヨーグルトベースのサラダであるラーエターは、混ぜて食べるというインド料理の食べ方をするときにマストです。

おなじみのラッシーやチャーエをはじめ、インドならではの伝統ドリンクも紹介。それぞれのドリンクに、消化を助けたり、体を温めたり……といった薬効があり、ここでもスパイスのパワーが生かされています。

きゅうりのカチュンバル
作り方は次ページ

大根のカチュンバル
作り方は次ページ

きゅうりのカチュンバル
キーレー カ カチュンバル

カチュンバルは、切った野菜にスパイスやレモン汁で味をからめるタイプのサラダ。レストランではしっかりめに味をつけることが多いですが、家庭ではたいてい塩とこしょうとレモン汁のみで薄味。そして北インドでは特に生の玉ねぎを好みます。熱を冷ます働きのあるきゅうりもよく使われます。きゅうりは薄く切るとしんなりしすぎて食感がなくなるので、5mm程度の厚さに切るのがベスト。

材料(4人分)
きゅうり —— 1½本
紫玉ねぎ —— ½個
香菜(シャンツァイ)のざく切り —— カップ⅓
レモン汁 —— 大さじ1½
レッドペッパー —— 1つまみ
粗びき黒こしょう —— 小さじ⅓
塩 —— 小さじ½

1 きゅうりはピーラーで縦に縞目に皮をむき、5mm厚さの輪切りにする。紫玉ねぎは繊維に沿って薄切りにする。
2 ボウルに1と香菜を入れ、レモン汁、レッドペッパー、こしょう、塩を加えて手であえる(写真)。

カチュンバルは箸休め的な意味合いもあるので、味つけはシンプルに、塩味は薄めに。

大根のカチュンバル
ムーリー カ カチュンバル

大根と紫玉ねぎのコンビは、辛さと油が強い料理のおともにぴったり。箸休めにつまんでおなかをすっきりさせつつ食事を楽しみます。ここで生のしょうがを使うのもインドならではの知恵です。大根は、短くそげるインドのスライサーでおろしますが、沖縄しりしり料理に使う「蜂の巣」という器具でも同様に作れます。なければ普通のスライサーでも。

材料(4人分)
大根 —— 15cm
紫玉ねぎ —— ½個
しょうがのせん切り —— ½かけ分
香菜のみじん切り —— 大さじ1
レモン汁 —— 大さじ1
レッドペッパー —— 1つまみ
粗びき黒こしょう —— 小さじ¼
塩 —— 小さじ½
砂糖 —— 1つまみ

1 大根は皮をむき、専用スライサーで繊維に沿って短いせん切りにし(写真)、軽く水けを絞る。紫玉ねぎは繊維に沿って薄切りにする。
2 ボウルに1、しょうが、香菜を入れ、レモン汁、レッドペッパー、こしょう、塩、砂糖を加えて手であえる。

大根は、短くそげるインドのスライサーでおろす。「蜂の巣」(通称・しりしり)やスライサーでも。

インド料理と一緒に出されるサラダは、通常は、左ページのカチュンバルのようなシンプルなもの。ここで紹介するひよこ豆（チャナ）のサラダは、ホクホクとした食感とクセのないおいしさが特徴の、リッチなおかずサラダです。豆は体内でガスを生むので、消化を促進するクミンやこしょうを使って仕上げます。クミンをサラダに入れるときは、生のままではなく、炒ったものを使うこと。

ひよこ豆のサラダ
チャネー カ サラード

材料（4人分）
ひよこ豆
　（水煮缶またはゆでたもの）── 240g
きゅうり ── 1本
トマト ── 1個（200g）
紫玉ねぎ ── ½個
サラダ油 ── 大さじ2〜3
レモン汁 ── ½個分
レッドペッパー ── 小さじ¼
粗びき黒こしょう ── 小さじ¼
ひきたてクミンパウダー ── 小さじ½〜1
塩 ── 小さじ1
砂糖 ── 小さじ¼
※ひきたてクミンパウダー … p.7 参照

1　ひよこ豆はざるに上げる。きゅうりとトマトは1cm角に切り、紫玉ねぎはみじん切りにしてバットや皿などに広げ、空気に15分ほどさらす（写真 **a**）。

2　ボウルに1を入れ、そのほかのすべての材料を加え、よく混ぜ合わせる（写真 **b**）。

a 紫玉ねぎは空気にさらして辛みを和らげる。紫玉ねぎのほうが玉ねぎよりさっぱりとしていて、このサラダには合う。

b きゅうり、トマトともに、ひよこ豆と同じくらいの大きさに切るのがポイント。

きゅうりのラーエター
キーレー カ ラーエター

材料(4人分)
- きゅうり —— 1本
- ラーエター生地
  - プレーンヨーグルト —— カップ1½
  - しょうがのすりおろし —— ½かけ分
  - ひきたてクミンパウダー —— 小さじ½
  - レッドペッパー —— 1つまみ
  - 粗びき黒こしょう —— 小さじ½
  - 塩 —— 小さじ½
  - 水 —— 大さじ1⅓
- ミント —— 適量

※ひきたてクミンパウダー … p.7 参照

ラーエターは日本ではライタの名でおなじみの、具の入った味つきヨーグルトサラダ。ご飯の上にカレーだけでなくラーエターも少しかけて混ぜ、そのつど変わる味を楽しみます。一番ポピュラーなのはきゅうりのラーエター。きゅうりは体を冷やす性質が強いので、あらかじめ冷蔵庫から出して常温にしておくのがおすすめ。ミントの香りが合うので、好みで増量しても。

1. きゅうりは5mm角に切る。
2. ラーエター生地の材料を用意し(写真)、ボウルに入れて混ぜ合わせ、1のきゅうりを加えてあえる。
3. 器に盛り、ミントをのせる。

ラーエター生地の材料。ヨーグルトには体の経路をふさぐ性質があるので、しょうがを入れてその性質を抑える。

コーンのラーエター
マカイー カ ラーエター

材料(4人分)
- とうもろこし —— 1本
- 紫玉ねぎ —— ¼個
- ラーエター生地
  - プレーンヨーグルト —— カップ1½
  - しょうがのすりおろし —— ½かけ分
  - 青唐辛子のみじん切り —— 小1本分
  - ひきたてクミンパウダー —— 小さじ½
  - レッドペッパー —— 1つまみ
  - 粗びき黒こしょう —— 小さじ½
  - 塩 —— 小さじ½
  - 砂糖 —— 小さじ⅓
  - 水 —— 大さじ1⅓
- 香菜のざく切り —— 適量

※ひきたてクミンパウダー … p.7 参照

とうもろこしをラーエター生地に入れてみたら、酸味と甘みのバランスがよく、やみつきになるおいしさ! 食感も楽しく、一緒にいただくカレーの味の邪魔をしません。缶詰や冷凍のものは水っぽくなるので不向き。生のとうもろこしが手に入るシーズンのお楽しみです。

1. とうもろこしは薄皮1枚を残してゆで、包丁で実を削りとる(写真)。紫玉ねぎはみじん切りにする。
2. ボウルにラーエター生地の材料を入れて混ぜ合わせ、1を加えてあえる。
3. 器に盛り、香菜をのせる。

ゆでたとうもろこしは包丁で実を削りとる。ゆでるほか、蒸したりレンジ加熱してもよい。

インド料理のベーシック ラッシー(スイート)

ラーエターと並んで日本で人気なのが、ラッシー。インド北西部から広まった、ヨーグルトを希釈して作るドリンクです。インドでは食事とは別に、暑い日中に好んで飲みます。ここで紹介するスイートタイプは、牛乳を足してコクのある仕上がりにします。

材料(2人分)
- プレーンヨーグルト —— カップ1
- 牛乳 —— カップ1
- 砂糖 —— 大さじ1⅓
- 氷 —— 3〜4個
- バニラエッセンス(あれば) —— 少々

すべての材料をミキサーに入れて攪拌し、なめらかにする。

きゅうりのラーエター

コーンのラーエター

トマトと紫玉ねぎのラーエター

材料(4人分)
- トマト——1個(150g)
- 紫玉ねぎ——¼個
- ラーエター生地
  - プレーンヨーグルト——カップ1½
  - しょうがのすりおろし——½かけ分
  - ひきたてクミンパウダー——小さじ½
  - レッドペッパー——1つまみ
  - 粗びき黒こしょう——小さじ½
  - 塩——小さじ½
  - 水——大さじ1⅓
- 香菜のざく切り——適量

※ひきたてクミンパウダー…p.7参照

トマトと紫玉ねぎのラーエター
タマータル ピャージ カ ラーエター

酸味のあるヨーグルトと酸味のあるトマトの組み合わせ。ここに紫玉ねぎを入れると、味がピタリとまとまります。玉ねぎはすっきりとした味わいの紫玉ねぎを用い、水にさらさずに加えます。フレッシュな風味のままヨーグルトに混ぜるほうが味がよくなります。

1 トマトは1cm角に切り、紫玉ねぎは5mm角に切る。
2 ボウルにラーエター生地の材料を入れて混ぜ合わせ、1を加えてあえる。
3 器に盛り、香菜をのせる。

a りんごは飾り用に薄切り4枚を残し、あとは皮をむいて粗みじん切りにする。

b 玉ねぎ、セロリ、しょうがを炒めたら、調合スパイスを加えてスパイシーな香りを出す。

c ミキサーにかけてピュレ状にする。チキンブイヨン適量を加えて攪拌してもよい。

d りんごはバターと砂糖で風味よく炒める。飾り用なので、あまり厚くないほうがよい。

スパイシーアップルスープ

甘みのあるりんごとスパイスが絶妙な、口当たりのよいスープ。イギリスがインドを統治していた時代に生まれた、印欧折衷メニューの一つです。味をまとめるのはチキンブイヨン。鶏がらスープでもOKです。

材料（4人分）
りんご —— 1½個
玉ねぎ —— 1個（200g）
セロリ —— 1本（100g）
しょうが —— 1かけ
調合スパイス
　クミンパウダー —— 小さじ½
　コリアンダーパウダー —— 小さじ½
　ターメリック —— 小さじ⅓
　赤唐辛子（種をとり、ちぎったもの）
　　—— ½本
サラダ油 —— 大さじ2
チキンブイヨン —— カップ3
生クリーム —— カップ½
塩 —— 小さじ⅔
バター —— 少々
砂糖 —— 小さじ½
黒粒こしょう（つぶしたもの） —— 少々

1 りんごは皮つきのままくし形に切り、飾り用に薄切りを4枚残し、残りは皮をむいて粗みじん切りにする（写真**a**）。玉ねぎ、セロリ、しょうがはみじん切りにする。

2 調合スパイスの材料はよく混ぜておく。

3 鍋にサラダ油を熱して玉ねぎ、セロリ、しょうがを炒め、玉ねぎが透き通ったら**2**をふり入れて混ぜる（写真**b**）。りんごを加え、りんごが温かくなったら、ふたをしてごく弱火で10分ほど蒸し煮にする。

4 粗熱をとってミキサーに移し（写真**c**）、攪拌する。ミキサーが回りにくかったら、分量のチキンブイヨンからカップ½〜1をとり分けて入れて回すとよい。

5 **4**を鍋に戻し、残りのチキンブイヨンと生クリーム、塩を加え、弱火で10分ほど煮る。

6 フライパンを熱してバターを溶かし、**1**の飾り用のりんごを並べ入れ、砂糖を加え、からめながら炒めて火を通す（写真**d**）。

7 器に**5**のスープを盛り、**6**のりんごをのせ、こしょうをふる。

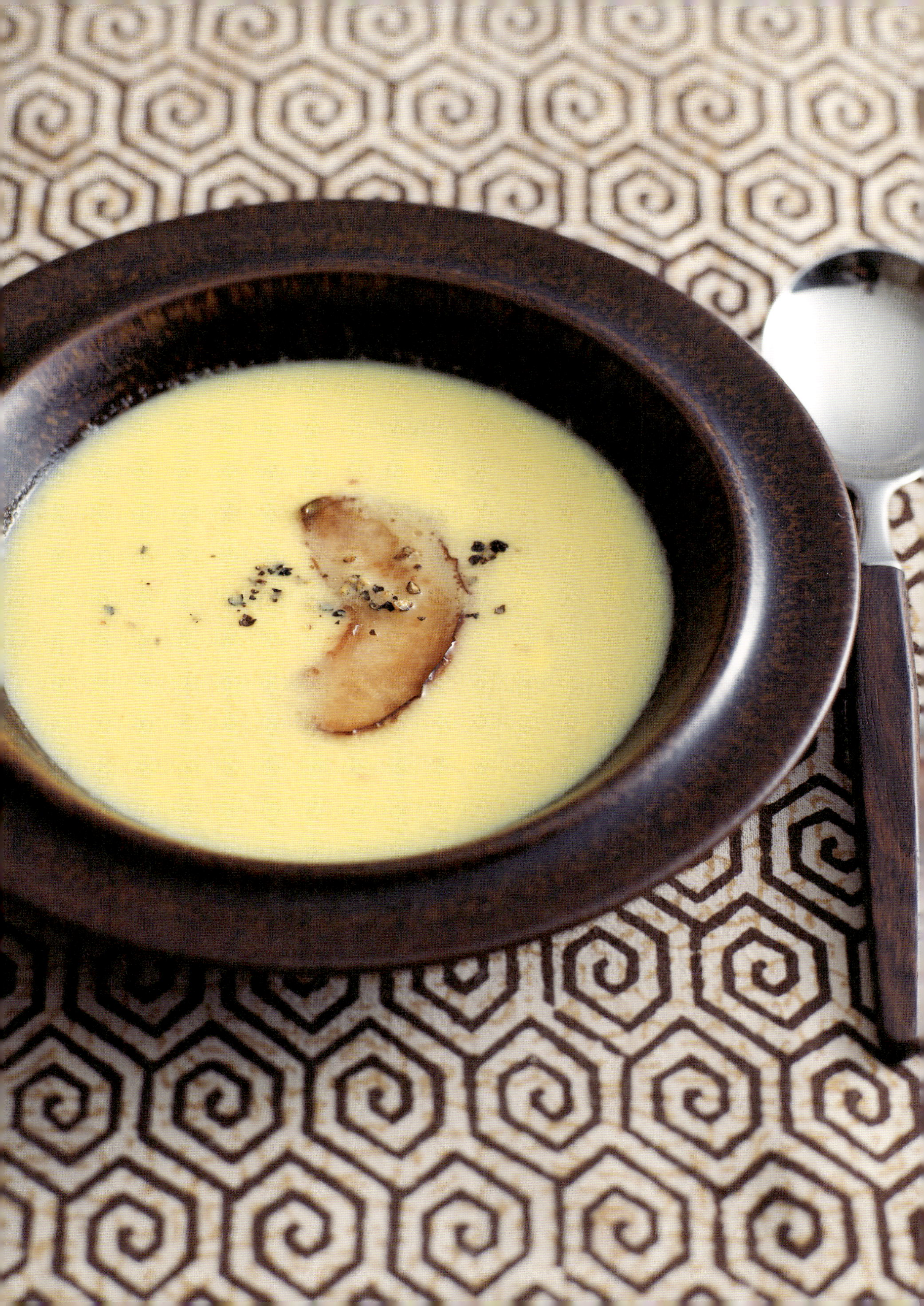

インド式ミルクティー
チャーエ

日本ではチャイの名で有名。牛乳をはじめから入れるとたんぱく質が茶葉にくっついて味が出なくなるので、水で濃く抽出してから牛乳を加えます。茶葉はセイロンティーのような葉の細かいタイプやアッサムが向いています。

材料（2人分）
紅茶の葉 ── 小さじ2
しょうがの薄切り ── 4枚
水 ── 180㎖
牛乳 ── 180㎖
砂糖 ── 適量
ガラムマサラ ── 1つまみ

1. 鍋に1cm深さまで水を入れ、しょうがを加えて火にかける。煮立ったら紅茶の葉を入れ、1分ほど煮出す。葉が完全に開き、水分が少なくなったら分量の水を加える（写真 **a**）。
2. 煮立ったら牛乳、砂糖の順に加え、再び煮立ったらガラムマサラをふり入れて混ぜる（写真 **b**）。
3. 茶こしでこしながらカップに注ぐ。

a 少量の水で茶葉を煮出し、水分が少なくなったら水を注ぐ。

b 最後にガラムマサラを加えてスパイシーに仕上げる。

クミンティー

カリッと炒ったクミンを水で煮てお茶にします。ストレートよりも少し甘みを加えたほうが吸収がよくなります。コクがあって体にやさしい黒砂糖がおすすめ。

材料（2人分）
クミンシード ── 小さじ1強
水 ── 360㎖
黒砂糖 ── 適量

1. 鍋にクミンシードを入れてから炒りする。
2. 香りが出てきてクミンシードがカリッとしたら、分量の水を加えて2分ほど煮る（写真）。黒砂糖を加えて甘みをつける。
3. 茶こしでこしながらカップに注ぐ。

クミンシードをから炒りし、香りを出してカリッとさせたら、水を注いで煮る。

バターミルク
チャーンチ

本来のバターミルクはバターを作るときに分離した酸味のある液体。インドではチャーンチという名で市販されていますが、日本ではヨーグルトを希釈して作ります。食後に飲むと消化によく、昼食時に飲むのが最良だとされています。

材料（2人分）
プレーンヨーグルト —— 大さじ4
水 —— カップ1½
ひきたてクミンパウダー
　　　—— 小さじ¼
粗びき黒こしょう —— 2つまみ
塩 —— 小さじ⅓

タルカ用
ギー —— 小さじ1
しょうがのみじん切り
　　　—— 小さじ½
クミンシード —— 小さじ¼
ターメリック —— 1つまみ
香菜のみじん切り —— 小さじ2

※ひきたてクミンパウダー … p.7参照
※ギー … p.12参照

1. ミキサーにヨーグルト、分量の水、ひきたてクミンパウダー、こしょう、塩を入れて撹拌する。
2. タルカをする。フライパンにギーを熱し、しょうが、クミンシード、ターメリック、香菜の順に入れて炒める。香りが出たら焦げないうちに1に加える（写真）。
3. 2を再度ミキサーにかけ、グラスに注ぐ。

タルカをしてミキサーで混ぜ、コクと深みのある味に仕上げる。

ターメリックミルク
ハルディー ワーレー ドゥード

ターメリックを入れただけで、スープのような満足感が味わえます。ターメリックの色素は油溶性なので水には溶けません。ギーで溶いてから牛乳に混ぜると、ムラなくきれいに仕上がり、おいしい！

材料（2人分）
ターメリック —— 小さじ½
ギー —— 小さじ½
牛乳 —— 360ml
※ギー … p.12参照

1. ターメリックとギーは小さい容器に合わせ、よく練る。
2. 鍋に牛乳を入れて火にかけ、1を少しずつ溶き入れ（写真）、煮立つ前に火を止める。
3. カップに注ぎ、よく混ぜて飲む。

練ったターメリックを牛乳に溶かすときは、みそ汁を作る要領で少しずつ溶かしていくとよい。

香取 薫
KAORU KATORI

インド・スパイス料理研究家。
1985年、ボランティアで訪れたインドでスパイス料理に魅せられ、本格的に研究をはじめる。
インドのさまざまな地方を訪れ、主婦たちから本場の家庭料理を習う。
1992年に「キッチンスタジオ ペイズリー」をスタートさせ、数多くのカレー店主、料理インストラクターを輩出。
料理教室などを通じてスパイスの普及とインド文化の紹介にとり組んでいる。
日本アーユルヴェーダ学会評議員、日本香辛料研究会会員。

・

キッチンスタジオ ペイズリー
http://www.curry-spice.jp/
※本書で使用しているスパイス、食材などもオンラインショップから購入可。

本書で使用したスパイスや食材の入手先
- カレースパイスネット http://www.curry-spice.net/
- 株式会社大津屋商店 http://www.rakuten.co.jp/uenoohtsuya/
  東京都台東区上野4-6-13　TEL 03-3834-4077

- 料理アシスタント　太田良子、古積由美子、田口竜基

- アートディレクション　昭原修三
- デザイン　植田光子（昭原デザインオフィス）
- 撮影　青砥茂樹（本社写真部）
- スタイリング　中安章子
- 編集・構成　松原京子

講談社のお料理BOOK
5つのスパイスだけで作れる！
はじめてのインド家庭料理

2012年 5月10日　第1刷発行
2018年 5月 2日　第9刷発行

著　者　香取 薫
発行者　渡瀬 昌彦
発行所　株式会社講談社
　　　　東京都文京区音羽2-12-21　〒112-8001
　　　　電話　編集　03-5395-3529
　　　　　　　販売　03-5395-3606
　　　　　　　業務　03-5395-3615
印刷所　NISSHA株式会社
製本所　株式会社若林製本工場

© Kaoru Katori 2012, Printed in Japan
落丁本・乱丁本は、購入書店名を明記のうえ、小社業務あてにお送りください。送料小社負担にてお取り替えいたします。
なお、この本の内容についてのお問い合わせは、生活文化あてにお願いいたします。
本書のコピー、スキャン、デジタル化等の無断複製は著作権法上での例外を除き禁じられています。
本書を代行業者等の第三者に依頼してスキャンやデジタル化することはたとえ個人や家庭内の利用でも著作権法違反です。
定価はカバーに表示してあります。　ISBN978-4-06-299561-0